Ekkehard Kaier

Informationstechnische Grundbildung
dBASE

Ekkehard Kaier

Informationstechnische Grundbildung dBASE

Mit vollständiger Referenzliste

Friedr. Vieweg & Sohn   Braunschweig / Wiesbaden

CIP-Titelaufnahme der Deutschen Bibliothek

Kaier, Ekkehard:
Informationstechnische Grundbildung dBASE:
mit vollständiger Referenzliste / Ekkehard
Kaier. – Braunschweig; Wiesbaden: Vieweg,
1990
(Viewegs Fachbücher der Technik)
ISBN 978-3-528-04684-2   ISBN 978-3-322-90110-1 (eBook)
DOI 10.1007/978-3-322-90110-1

Umschlaggestaltung: Hanswerner Klein, Leverkusen

ISBN 978-3-528-04684-2

Vorwort

Software-Tools ermöglichen es dem Benutzer, Probleme am PC in bedienungsfreundlicher Umgebung zu lösen. Zählt man die Programmiersprachen zu den Software-Tools, ergeben sich zum Beispiel folgende Bereiche:

- Betriebssystem (z. B. MS-DOS, OS/2 bzw. PS/2)
- Maschinennahe Programmentwicklung (z. B. 8086-Assembler)
- Strukturierte Programmentwicklung (z. B. Basic, C, Pascal)
- Objektorientierte Programmentwicklung (z. B. SmallTalk, C++)
- Datenbanksystem (z. B. dBASE, SQL)
- Tabellenkalkulation (z. B. Multiplan, Excel)
- Textverarbeitung (z. B. Word, Word Perfect)
- Integrierte Software (z. B. Framework, Lotus 1-2-3, Works)
- Computer Assisted Design, CAD
- Desktop Publishing, DTP
- Steuerung und Regelung

Die *moderne informationstechnische Grundbildung* schließt Grundkenntnisse in der Anwendung ausgewählter Software-Tools ein.

dBASE: Dieses Datenbanksystem läßt sich im Menü-, Direkt- und Programm-Modus nutzen.

- Menü-Modus: menügesteuert über das Regie-Zentrum.
- Direkt-Modus: befehlsgesteuert vom ".'' als dBASE-Prompt aus.
- Programm-Modus: programmgesteuert über selbstentwickelte Programme.

Das vorliegende Buch gibt eine Einführung in den Direkt-Modus und den Programm-Modus. Der Schwerpunkt liegt im Programm-Modus, d. h. in der strukturierten Programmentwicklung mit der Programmiersprache von dBASE IV bzw. dBASE III PLUS.

- Einführungsteil: Arbeiten im Direkt-Modus, Arbeiten im Programm-Modus (Programmstrukturen, Unterprogrammtechnik, Menüprogrammierung, String und Array).
- Referenzteil: *Alle* Befehle und Funktionen von dBASE IV mit Verweisen zu dBASE III PLUS.

Heidelberg, im August 1989   *Dr. Ekkehard Kaier*

Inhaltsverzeichnis

1 Dateiverarbeitung mit dBASE 1

  1.1   Arbeiten im Direkt-Modus 3

      1.1.1 Anlegen einer neuen Datei 4

           1.1.1.1 Struktur einer Datei erzeugen mit CREATE 4

           1.1.1.2 Struktur anzeigen mit LIST STRUCTURE 5

      1.1.2 Datensätze erfassen mit APPEND 6

      1.1.3 Inhalt der Datei abfragen mit LIST, DISPLAY 7

           1.1.3.1 Alle Datensätze anzeigen mit LIST 7

           1.1.3.2 Selektion als zeilenweises Auswählen 7

           1.1.3.3 Selektion mit Datensatzzeiger und DISPLAY 9

           1.1.3.4 Selektion mit logischen Operatoren 11

           1.1.3.5 Projektion als spaltenweises Auswählen 11

           1.1.3.6 Selektion und Projektion kombinieren 12

      1.1.4 Datei pflegen 3

           1.1.4.1 Datensatzinhalt ändern mit EDIT, BROWSE 13

           1.1.4.2 Datenfeldinhalt ändern mit REPLACE 14

           1.1.4.3 Datensätze löschen mit DELETE, PACK 15

           1.1.4.4 Datei kopieren 16

           1.1.4.5 Datei sortieren 18

           1.1.4.6 Datei indizieren 19

      1.1.5 Datei auswerten 25

  Aufgaben zu Abschnitt 1.1 27

  1.2   Grundlegende Programmstrukturen in dBASE 30

      1.2.1 Das erste dBASE-Programm 30

      1.2.2 Programme mit Folgestrukturen 34

  Aufgaben zu Abschnitt 1.2.1 und 1.2.2 36

      1.2.3 Programme mit Wiederholungsstrukturen 37

           1.2.3.1 Schleife bis zum Dateiende 37

           1.2.3.2 Offene Schleife 38

           1.2.3.3 Geschlossene Zählerschleife 40

  Aufgaben zu Abschnitt 1.2.3 41

      1.2.4 Programme mit Auswahlstrukturen 42

           1.2.4.1 Zweiseitige Auswahl mit IF-ENDIF 42

           1.2.4.2 Programmstrukturen reihen und schachteln 43

           1.2.4.3 Mehrseitige Auswahl mit CASE-ENDCASE 46

  Aufgaben zu Abschnitt 1.2.4 47

1.2.5 Programme mit Unterprogrammstrukturen 49
    1.2.5.1 Ein Programm als Unterprogramm aufrufen 49
    1.2.5.2 Unterprogramme als autonome Programme 50
    1.2.5.3 Unterprogramme als Teile einer Prozedurdatei 51
Aufgaben zu Abschnitt 1.2.5 54

1.3 Unterprogrammtechnik 55
  1.3.1 Programm und Unterprogramm 55
    1.3.1.1 Autonomes unstrukturiertes Programm 55
    1.3.1.2 Autonomes Programm mit Unterprogrammen 56
    1.3.1.3 Extern gespeicherte Programme aufrufen 58
    1.3.1.4 Extern gespeicherte Prozedurdatei aufrufen 59
  1.3.2 Globale und lokale Variablen 63
    1.3.2.1 Vier Regeln zur Lokalisierung von Variablen 63
    1.3.2.2 Eingabeparameter als lokale Variablen 66
    1.3.2.3 Ein-/Ausgabeparameter als globale Variablen 67
  1.3.3 UDFs als benutzerdefinierte Funktionen 68
    1.3.3.1 Funktionen vereinbaren und aufrufen 68
    1.3.3.2 Funktionen mit Eingabeparameter 69
    1.3.3.3 Aktuelle und formale Funktionsparameter 73
    1.3.3.4 Funktionen mit mehreren Parametern 76
Aufgaben zu Abschnitt 1.3 77

1.4 Menüsteuerung mit Balken und Popups 78
  1.4.1 Menü-Modell 4 mit einer Menü-Ebene 78
  1.4.2 Menü-Modell 5 mit zwei Menü-Ebenen (Pads) 78
  1.4.3 Menü-Modell 6 mit zwei Menü-Ebenen (Pads und Popups) 88
  1.4.4 Menü-Modell 7 mit zusammengefaßten Menü-Vereinbarungen 92
Aufgaben zu Abschnitt 1.4 96

1.5 Grundlegende Datenstrukturen 97
  1.5.1 String zur Textverarbeitung 97
    1.5.1.1 Funktionen zur Stringverarbeitung 97
    1.5.1.2 Simulation eines Stapelspeichers 102
Aufgaben zu Abschnitt 1.5.1 107
  1.5.2 Array zur Tabellenverarbeitung 108
    1.5.2.1 Eindimensionaler und zweidimensionaler Array 108
    1.5.2.2 Datenübertragung zwischen Datei und Array 109
    1.5.2.3 Eine DBF-Datei über einen Array verarbeiten 111
    1.5.2.4 Array und DBF-Datei verschiedener Größe 115
    1.5.2.5 In den Array berechnen mit CALCULATE 117
Aufgaben zu Abschnitt 1.5.2 117

2 Referenz des dBASE-Systems 119

2.1 Grundlegende Definitionen von dBASE 121
  2.1.1 Feldvariablen 121
  2.1.2 Speichervariablen 121

2.1.3   Ausdrücke 123
2.1.4   Dateitypen 123
2.1.5   Aufbau von Datei und Datensatz 125
2.1.6   Verwaltung des Satzzeigers 126
2.1.7   Systemkonfiguration 127
2.1.8   READKEY-Codenummern 128
2.1.9   Regie-Zentrum 128

2.2   Befehlsverzeichnis von dBASE 129

2.3   Funktionsverzeichnis von dBASE 145

Programmverzeichnis 156

Sachwortverzeichnis 157

Informationstechnische Grundbildung dBASE

1 Dateiverarbeitung mit dBASE	1
1.1 Arbeiten im Direkt-Modus	3
1.2 Grundlegende Programmstrukturen	30
1.3 Unterprogrammtechnik	55
1.4 Menüsteuerung mit Balken und Popups	78
1.5 Grundlegende Datenstrukturen	97

1.1 Arbeiten im Direkt-Modus

Jede Arbeitssitzung mit dBASE läuft in drei Schritten ab:

Schritt 1: dBASE-System starten
- Befehlswort DBASE eintippen. Am Bildschirm erscheint dann der Punkt "." als das Bereitschaftszeichen von dBASE.

Schritt 2: Befehle zur Datenbankverwaltung zur Ausführung bringen
- Befehle zum Anlegen der Datei: CREATE, MODIFY STRUCTU-RE
- Befehle zum Erfassen von Datensätzen: APPEND, BROWSE
- Befehle zum Anzeigen von Daten: LIST, DISPLAY, ?
- Befehle zum Pflegen der Datei: DELETE, EDIT, REPLACE, CO-PY, SORT, INDEX
- Befehle zum Auswerten der Datei: AVERAGE, COUNT, SORT, SUM
- Befehle zur Dateiorganisation allgemein: DIR, GO BOTTOM/ TOP/Satznummer, SET, USE, ? RECNO(), ? EOF()
- Befehle im Programm-Modus: MODIFY COMMAND, DO

Schritt 3: dBASE-System beenden
- Befehl zum Wechseln in die MS-DOS-Ebene: Quit

Arbeiten mit dBASE in drei Schritten

Beim Arbeiten im Direkt-Modus werden die in Schritt 2 eingegebenen Befehle direkt ausgeführt, also sofort nach der jeweiligen Befehlseingabe an der Tastatur.

Den Beispielen ist folgende Anpassungsdatei CONFIG.DB zugrundegelegt:

```
COMMAND           = CLEAR
DISPLAY           = MONO
PDRIVER           = GENERIC.PR2
PRINTER 1         = STND_10.PR2 NAME "Star Drucker Star ND-10/15" DEVICE LPT1
SQLDATABASE       = SAMPLES
SQLHOME           = C:\TOOL\DBASE\SQLHOME
STATUS            = OFF
BELL              = OFF
DELIMITERS        = ON
DEFAULT           = B:
```

1.1.1   Anlegen einer neuen Datei

1.1.1.1 Struktur einer Datei erzeugen mit CREATE

Dateistruktur einmalig festlegen:
  - Die Struktur einer Datei kann man sich als Definitionsgerüst vor-
    stellen. Man spricht vom Anlegen einer Datei.
  - Vergleich Datei - Kartei: Abmessung und Unterteilung der Kar-
    teikarten festlegen.
  - Die Dateistruktur wird durch den Dateinamen und die Datensatz-
    beschreibung (Name und Datentypen der Datenfelder) festgelegt.

Dateiinhalt wiederholt verarbeiten:
  - Mit dem Dateiinhalt sind die derzeit gespeicherten Nutzdaten ge-
    meint.
  - Vergleich Datei - Kartei: die Anzahl der Karteikarten und die ak-
    tuellen Eintragungen machen den Inhalt aus.
  - Grundlegende Abläufe wie: *Erfassen, Abfragen, Pflegen* und *Aus-
    werten einer Datei* .

```
Dateistruktur                    Dateiinhalt
einmalig festlegen               wiederholt verarbeiten


  ┌─────────────────┐    ┌ ─ ─ ─ ─ ─ ─ ─ ─ ─ ─ ─ ─ ─ ─ ─ ┐
  │ 1. Datei anlegen│    │ 2. Daten erfassen    3. Daten abfragen │
  │ CREATE,         │    │ APPEND               LIST, DISPLAY     │
  │ MODIFY STRUCTURE,│   │                                        │
  │ LIST STRUCTURE  │    │ 4. Daten pflegen     5. Datei auswerten│
  └─────────────────┘    │ DELETE, EDIT, REPLACE, AVERAGE, COUNT, SUM │
                         │ SORT, INDEX, BROWSE  STORE             │
                         └ ─ ─ ─ ─ ─ ─ ─ ─ ─ ─ ─ ─ ─ ─ ─ ─ ┘
```

Fünf grundlegende Abläufe zur Dateiverarbeitung im Überblick

Kundendatei als Basisbeispiel: Das Anlegen und Verarbeiten einer Datei
wird anhand der in Abschnitt 1.5.1 beschriebenen Kundendatei erklärt.

```
Allgemein:  CREATE Dateiname - Strg-Ende
Beispiel:   CREATE b:Kunden1 - Strg-Ende
```

Eine neue Datei anlegen, d.h. seine Struktur festlegen. Datensatzbeschreibung des Satzes einer Kundendatei namens Kunden1:

1. Datenfeldname NUMMER, Datentyp Numerisch, Feldlänge 4 Zeichen
2. Datenfeldname NAME, Datentyp Zeichen (String), Länge 20 Zeichen
3. Datenfeldname UMSATZ, Datentyp Numerisch, Feldlänge 9 Zeichen
   (davon eine Stelle für Dezimalkomma und zwei Nachkommastellen).

Der CREATE-Befehl kontrolliert das Anlegen einer Datei und ist menügesteuert: Durch CREATE b:Kunden1 wird in den CREATE-Modus gewechselt. Durch Strg-Ende wird dieser Modus wirksam verlassen. Die ab
dBASE verfügbaren CREATE-Unterbefehle Layout, Verwaltung, Hinzufügen, Suchen und Ende entsprechen denen von APPEND und EDIT.

```
 Layout   Verwaltung   Hinzufügen   Suchen   Ende            12:07:07
                                                    Byte frei:   3976

 | Num | Feldname   | Feldtyp   | Länge | Dez | Index |

 |  1  | NUMMER     | Zeichen   |   4   |     |  N    |
 |  2  | NAME       | Zeichen   |  20   |     |  N    |
 |  3  | UMSATZ     | Numerisch |   9   |  2  |  N    |
 |     |            |           |       |     |       |
 ....
 |     |            |           |       |     |       |

 Möchten Sie jetzt Daten eingeben? (J/N) n
```


1.1.1.2 Struktur anzeigen mit LIST STRUCTURE

Passive Dateien: Auf Diskette oder Festplatte können viele Dateien (Dateityp DBF) abgelegt sein. Man bezeichnet sie als passive Dateien.
Aktive Datei: Die Datei, mit der gerade gearbeitet wird, bezeichnet man
als aktive Datei. Sie muß mit dem USE-Befehl geöffnet worden sein.

```
Allgemein:  USE Dateiname
Beispiel:   USE b:Kunden1
```

Vier Aufgaben des USE-Befehls zum Öffnen einer Datei:
1. Eine derzeit ggf. geöffnete Datei schließen.
2. Die Information zur Dateistruktur von Diskette in den RAM einlesen.
3. Den 1. Datensatz (falls vorhanden) von Diskette in den RAM einlesen.
4. Den Datensatzzeiger auf Position 1 stellen.
USE (ohne weiteren Zusatz) schließt die derzeit geöffnete Datei.

```
Allgemein:  LIST STRUCTURE
Beispiel:   LIST STRUCTURE
```

Struktur der zuvor geöffneten und somit aktiven Datei am Bildschirm anzeigen lassen.

```
. USE B:Kunden1
. LIST STRUCTURE
Datensatzformat der dB-Datei: B:\KUNDEN1.DBF
Anzahl der Datensätze:        0
Datum der letzten Aktualisierung: 30.05.89
Feld   Feldname    Typ        Länge   Dez    Index
   1   NUMMER      Zeichen       4            N
   2   NAME        Zeichen      20            N
   3   UMSATZ      Numerisch     9     2      N
** Gesamt **                    34
. USE
```

3-Schritte-Vorgehen beim Dateizugriff: Zuerst die Datei öffnen (mit USE b:Kunden1), dann die Datei verarbeiten (z.B. lesender Zugriff mit LIST) und am Ende die Datei schließen (mit USE).

1.1.2 Datensätze erfassen mit APPEND

> *Allgemein:* APPEND - Strg-End
> *Beispiel:* APPEND - Strg-End

Mit dem menügesteuerten APPEND-Befehl wird in den APPEND-Modus gewechselt, um Datensätze zu erfassen. Die über Tastatur eingetippten werden an die aktive Datei angefügt. Mit Strg-Ende wird der APPEND-Modus wirksam und mit Esc unwirksam verlassen. Im Beispiel wird der Kunde mit Nummer=117 als 10. Datensatz an die Datei Kunden1 angefügt.

```
. USE b:Kunden1
. APPEND
  Datensätze      Suchen       Ende
NUMMER       :117 :
NAME         :Schulz-Heidelberger :
UMSATZ       : 45080,50:
. USE
```

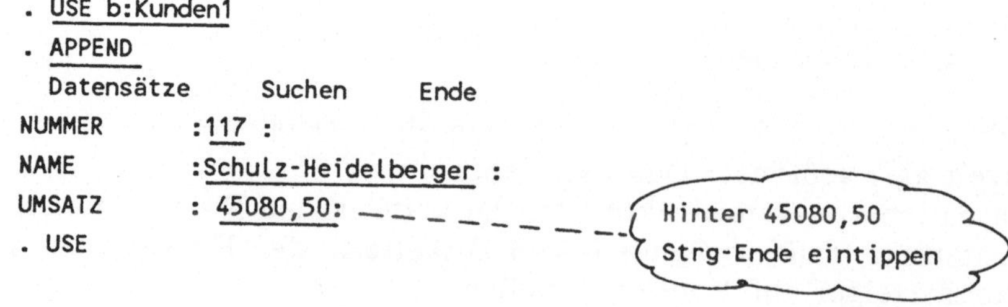

Drei Unterbefehle des Menübefehls APPEND:
Beim Aufruf von APPEND werden (ab dBASE IV) am oberen Bildschirmrand die drei Unterbefehle Datensätze, Suchen und Ende angeboten. Anmerkung: Neben APPEND weisen auch die menüorientierten Befehle EDIT und BROWSE die Unterbefehle Datensätze, Suchen und Ende auf.

1.1.3   Inhalt der Datei abfragen mit LIST, DISPLAY

1.1.3.1 Alle Datensätze anzeigen mit LIST

Mit dem Befehl LIST wird der gesamte Inhalt der aktiven Datei am Bildschirm angezeigt. Der Befehl DISPLAY ALL hat dieselbe Wirkung

> *Allgemein:* LIST *oder* DISPLAY ALL
> *Beispiel:*   LIST *oder* DISPLAY ALL

Satzzeiger zum Dateianfang stellen, alle Datensätze in der Reihenfolge ihrer Speicherung z.B. von Diskette in den RAM lesen und anzeigen. Der Satzzeiger bleibt sodann hinter dem letzten Satz stehen.

```
. USE B:Kunden1
. LIST
Datensatz#  NUMMER NAME                    UMSATZ
         1     101 Frei                   6500,00
         2     104 Maucher                 295,60
         3     109 Hildebrandt            4990,05
         4     110 Amann                  1018,75
         5     107 Schulte-Tillmann     109000,00
         6     113 Rohrbach              86900,25
         7     115 Schultheiß             4009,80
         8     103 Freiburger            10000,80
         9     111 Klaus-Schulte        130600,40
        10     117 Schulz-Heidelberger   45080,50
. USE
```

1.1.3.2 Selektion als zeilenweises Auswählen

Stellt man sich eine Datei als Tabelle vor, dann entspricht jede Zeile einem Datensatz. Durch die *Selektion* mit dem Befehl LIST FOR werden bestimmte Zeilen bzw. Datensätze der Tabelle ausgewählt und angezeigt.

> *Allgemein:* LIST FOR Bedingung mit Vergleichszeichen
> *Beispiel:*   LIST FOR Umsatz > 100000

Der Befehlsparameter FOR bewirkt, daß nach jedem Lesevorgang geprüft
wird, ob die Bedingung wahr ist oder nicht. Wenn ja: Satz anzeigen. In
der Bedingung können die Vergleichszeichen >, >=, <, <=, <> und = angegeben werden.

```
. USE b:Kunden1
. LIST FOR Umsatz > 100000
Datensatz#  NUMMER NAME                      UMSATZ
        5      107  Schulte-Tillmann       109000,00
        9      111  Klaus-Schulte          130600,40

. LIST FOR Name = 'Schulte'
Datensatz#  NUMMER NAME                      UMSATZ
        5      107  Schulte-Tillmann       109000,00

. LIST FOR Name = 'Schult'
Datensatz#  NUMMER NAME                      UMSATZ
        5      107  Schulte-Tillmann       109000,00
        7      115  Schultheiß               4009,80
```

> *Allgemein:* LIST FOR Bedingung mit Substring-Operator $
> *Beispiel:*   LIST FOR 'Schult'$Name

Ist der 6-Zeichen-String 'Schult' im Datenfeld NAME enthalten? Wenn
ja: Datensatz anzeigen.

```
. LIST FOR 'Schult' $ Name
Datensatz#  NUMMER NAME                      UMSATZ
        5      107  Schulte-Tillmann       109000,00
        7      115  Schultheiß               4009,80
        9      111  Klaus-Schulte          130600,40
```

Selektion = durch Auswahl von Zeilen eine neue Tabelle bilden.

> 1. Einige Zeilen bzw. Datensätze selektieren (Normalfall).
> 2. Alle Zeilen selektieren; die selektierte und die ursprüngliche
>   Tabelle sind identisch. Beispiel: LIST FOR Nummer > 100.
> 3. Nur eine Zeile selektieren. Beispiel: LIST FOR Name = 'Frei'.
> 4. Keine Zeile selektieren. Beispiel: LIST FOR Umsatz = 0.

1.1.3.3 Selektion mit Datensatzzeiger und DISPLAY

> *Allgemein:* LIST NEXT Datensatzanzahl n
> *Beispiel:*   LIST NEXT 2

Der Befehlsparameter NEXT zeigt die nächsten n Datensätze an. NEXT
bezieht sich auf den aktiven Datensatz als den Satz, auf den der Datensatzzeiger RECNO() gerade weist.

```
. LIST NEXT 2
Datensatz#  NUMMER NAME                  UMSATZ
. ? RECNO()
         11
. GO TOP
. LIST NEXT 2
Datensatz#  NUMMER NAME                  UMSATZ
        1      101 Frei                 6500,00
        2      104 Maucher               295,00
. ? RECNO()
         2
```

Datensatzzeiger zum Dateianfang setzen mit Befehl USE Dateiname:
   - Mit USE B:KUNDEN1 wird die Datei KUNDEN1 geöffnet und
     zur aktiven Datei.
   - Der 1. Datensatz wird als aktiver Satz in den RAM gelesen.
     dBASE hält immer nur einen Satz aktiv im RAM bereit.
   - Der von dBASE verwaltete Datensatzzeiger (kurz: Satzzeiger) zeigt
     auf die relative Satznummer des aktiven Satzes, d.h. auf 1.

Position des Datensatzzeigers anzeigen mit Befehl ? RECNO():
   - ? RECNO() (für Record Number bzw. Satznummer) zeigt die Satz-
     nummer des aktiven Satzes am Bildschirm an.
   - RECNO()=5 bedeutet, daß der Satzzeiger den Wert 5 hat und daß
     der 5. Satz als aktiver Satz im RAM gespeichert ist.

Datensatzzeiger bewegen mit Befehlen GO Satznummer *und* SKIP:
   - GO TOP bewegt den Satzzeiger zum Dateianfang und liest den 1.
     Satz in den RAM.
   - GO BOTTOM liest den letzten Satz in den RAM.
   - GO 7 bewegt den Satzzeiger zum 7. Satz und liest den 7. Satz von
     Diskette bzw. Festplatte in den RAM. Der Befehl GO ermöglicht
     einen *Direktzugriff* auf einen bestimmten Datensatz.
   - SKIP 3 bewegt den Satzzeiger um 3 Positionen nach hinten in
     Richtung Dateiende.
   - SKIP -3 bewegt den Satzzeiger um 3 Positionen nach vorne.

Datensatzzeiger verwalten mit GO, SKIP und ? RECNO( )

> *Allgemein:* LIST WHILE Bedingung
> *Beispiel:* LIST WHILE UMSATZ > 80000

Der Befehlsparameter WHILE liest von der aktiven Datei Sätze ein, solange die angegebene Bedingung wahr ist.

```
. GO 5
. LIST WHILE UMSATZ > 80000
Datensatz#  NUMMER NAME                        UMSATZ
        5     107  Schulte-Tillmann         109000,00
        6     113  Rohrbach                  86900,25
```

> *Allgemein:* DISPLAY ohne Parameter wie ALL, FOR, NEXT, WHILE
> *Beispiel:* DISPLAY

DISPLAY (ohne Parameter) zeigt den gerade aktiven Datensatz an. Die
Befehle DISPLAY ALL und LIST sowie DISPLAY FOR und LIST FOR
sind identisch (kleiner Unterschied: DISPLAY stoppt bis zum Tastendruck, wenn der Bildschirm voll ist).

```
. GO BOTTOM
. DISPLAY
Datensatz#  NUMMER NAME                        UMSATZ
       10     117  Schulz-Heidelberger       45080,50
. DISPLAY FOR NAME = 'S'
Datensatz#  NUMMER NAME                        UMSATZ
        5     107  Schulte-Tillmann         109000,00
        7     115  Schultheiß                 4009,80
       10     117  Schulz-Heidelberger       45080,50
. DISPLAY
Datensatz#  NUMMER NAME                        UMSATZ
. GO 6
. DISPLAY
Datensatz#  NUMMER NAME                        UMSATZ
        6     113  Rohrbach                  86900,25
. SKIP 1
. DISPLAY OFF Nummer, Name
Nummer Name                        Umsatz
  115  Schultheiß                  4009,80
```

1.1.3.4 Selektion mit logischen Operatoren

Bedingungen können durch die logischen Operatoren .AND., .OR. bzw.
.NOT. verknüpft werden.

```
Op1       Op2       Op1 .AND. Op2     Op1 .OR. Op2    .NOT. Op1     Prioritäten:

Wahr      Wahr          Wahr              Wahr                      1. Zuerst math. Op.
Wahr      Unwahr        Unwahr            Wahr          Unwahr      2. Dann Vergleichsop.
Unwahr    Wahr          Unwahr            Wahr          Wahr        3. Dann Logische Op.
Unwahr    Unwahr        Unwahr            Unwahr                       (.NOT. vor .AND.
                                                                         vor .OR.)
```

Logische Operatoren.

```
. LIST FOR Nummer > '100' .AND. '-' $ Name
Datensatz#   NUMMER NAME                    UMSATZ
        5      107  Schulte-Tillmann      109000,00
        9      111  Klaus-Schulte         130600,40
       10      117  Schulz-Heidelberger    45080,50
```

1.1.3.5 Projektion als spaltenweises Auswählen

Anders als bei der Selektion wird bei der Projektion nicht zeilenweise,
sondern spaltenweise ausgewählt.

```
Allgemein:  LIST [FIELDS] Datenfeldname1,Datenfeldname2,...
Beispiel:   LIST Umsatz,Name
```

Die Projektion wirkt auf die jeweils angegebenen Datenfelder; für jeden
Satz wird somit nur der Umsatz und der Name angezeigt. Der Befehlsparameter OFF unterdrückt die Ausgabe der Satznummer. Im rechten Beispiel wird nur auf das Datenfeld NUMMER projiziert.

```
. LIST OFF Umsatz,Name                  . LIST NUMMER
   Umsatz Name                          Datensatz#   NUMMER
   6500.00 Frei                                 1      101
    295.60 Maucher                              2      104
   4990.05 Hildebrandt                          3      109
   1018.75 Amann                                4      110
 109000.00 Schulte-Tillmann                     5      107
  86900.25 Rohrbach                             6      113
   4009.80 Schultheiß                           7      115
  10000.80 Freiburger                           8      103
 130600.40 Klaus-Schulte                        9      111
  45080.50 Schulz-Heidelberger                 10      117
```

1.1.3.6 Selektion und Projektion kombinieren

In einer einzelnen Abfrage lassen sich Selektion und Projektion kombinieren.

> *Allgemein:* LIST FOR Bedingung Feldname1,Feldname2,...
> *Beispiel:*   LIST FOR '-'$Name Name,Umsatz

Für alle Kunden mit Doppelnamen ('-' im Namen) den Inhalt der Datenfelder Name und Umsatz anzeigen.

```
. LIST FOR Name<'R' .and. Umsatz>10000 Name,Umsatz
Datensatz#  Name                Umsatz
       8    Freiburger          10000.80
       9    Klaus-Schulte       130600.40
```

- Bildung einer kürzeren Tabelle durch Angabe einer Bedingung.
- Zeilenweise bzw. datensatzweise Auswahl.
- Die Selektion kann alle, wenige, eine oder keine Zeile(n) liefern.

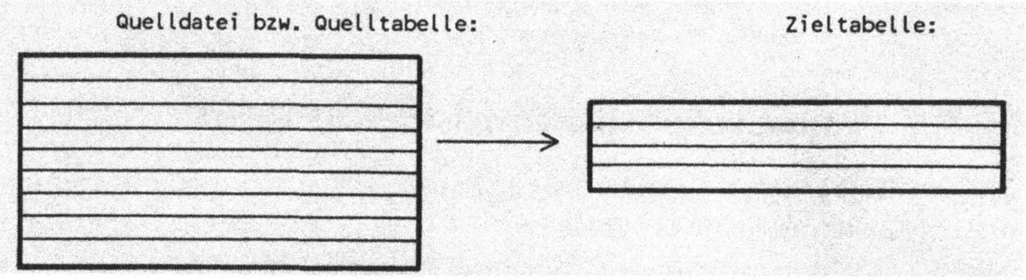

Selektion mit LIST FOR Bedingung

- Bildung einer neuen schmaleren Tabelle durch Angabe ausgewählter Datenfeldnamen.
- Spaltenweise bzw. datenfeldweise Auswahl.
- Die Projektion kann alle (ggf. in anderer Reihenfolge), wenige oder auch nur eine Spalte(n) liefern.
- Eventuell entstehende Satzduplikate werden entfernt, d.h. die Tabelle kann sich auch bei der Projektion verkürzen.

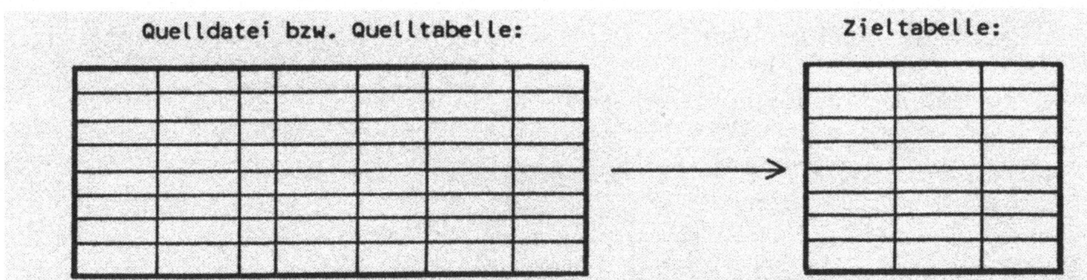

Projektion mit LIST Feldname1,Feldname2,...

1.1.4 Datei pflegen

1.1.4.1 Datensatzinhalt ändern mit EDIT, BROWSE

EDIT als menügesteuerter Befehl: Der EDIT-Befehl stellt eine Editiermaske bereit, mit der beliebige Sätze inhaltlich geändert werden können.

> *Allgemein:* EDIT oder EDIT Satznummer
> *Beispiel:*　　EDIT 3

Nach Eingabe von EDIT 3 wird der 3. Satz aktiviert und eine Maske bereitgestellt. Mit Strg-Ende wird der EDIT-Modus wirksam verlassen. Wie APPEND und BROWSE stellt auch EDIT die drei Unterbefehle Datensätze, Suchen und Ende bereit (siehe bei APPEND).

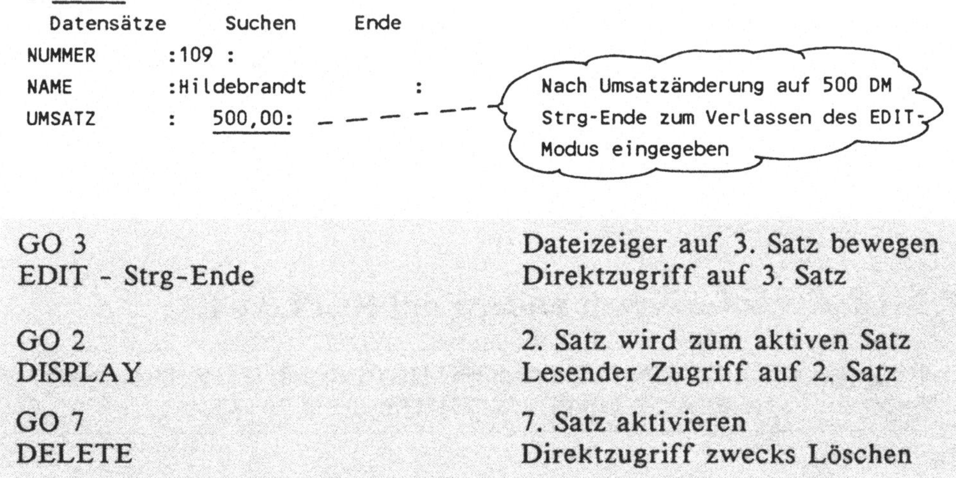

Direktzugriff über die relative Satznummer an drei Beispielen

BROWSE als menügesteuerter Befehl: BROWSE ist ein äußerst mächtiger Befehl, der die Befehle EDIT (zum Ändern) und APPEND (zum Anfügen bzw. Erfassen) von Datensätzen umfaßt.

> *Allgemein:* BROWSE [FIELDS Feldliste]
> *Beispiel:*   BROWSE

Wie die menügesteuerten Befehle APPEND und EDIT bietet auch BROWSE die Unterbefehle Datensätze, Suchen und Ende an; zusätzlich wird noch der Unterbefehl Felder bereitgestellt (im Beispielbildschirm eingeblendet).

```
  Datensätze      Felder       Suchen        Ende                   12:55:02
 ┌────────┬────────────────────────────────────────────────┐ ┌──────────────┐
 │NUMMER │NAME    │  Fixieren:                        {0}    │ │              │
 ├────────┼────────│  Inhalt löschen                          ├──────────────┤
 │101    │Frei    │  Nur dieses Feld bearbeiten:  {}         │ │              │
 │104    │Maucher │  Ändern der Spaltenbreite                │ │              │
 │109    │Hildebr └──────────────────────────────────────────┘ │              │
 │110    │Amann              │    1018,75                                     │
 │107    │Schulte-Tillmann   │ 129777,00                                     │
 │113    │Rohrbach           │  86900,25                                     │
 │115    │Schultheiß         │   4009,80                                     │
 │103    │Freiburger         │  10000,80                                     │
 │111    │Klaus-Schulte      │ 130600,40                                     │
 │117    │Schulz-Heidelberger│  45080,50                                     │
 │....                                                                       │
 └────────┴───────────────────┴───────────────────────────────────────────┘
  Tabelle │B:\KUNDEN1            │Satz 7/10          │Datei             │
          Anwählen: ↑↓      Ausführen: ←┘      Menü verlassen: ESC
```

1.1.4.2 Datenfeldinhalt ändern mit REPLACE

> *Allgemein:* REPLACE Feldname WITH Ausdruck [FOR Bedingung]
> *Beispiel:*   REPLACE Umsatz WITH Umsatz + 20777

Den Feldinhalt des aktiven Datensatzes durch den Wert des angegebenen
Ausdrucks (hier durch Umsatz+20777) ersetzen bzw. ändern.

```
. GO 5
KUNDEN1: Datensatznummer        5
. DISPLAY
Datensatz#  NUMMER NAME                      UMSATZ
     5         107   Schulte-Tillmann      109000,00
. REPLACE Umsatz WITH Umsatz + 20777
      1 Datensatz ersetzt
. DISPLAY
Datensatz#  NUMMER NAME                      UMSATZ
     5         107   Schulte-Tillmann      129777,00-
```

> *Allgemein:* REPLACE ALL Feldname WITH Ausdruck FOR ...)
> *Beispiel:*   REPLACE ALL Umsatz WITH 0

Alle Sätze der Datei sequentiell ändern: Im aktiven Satz UMSATZ durch
0 ersetzen, den geänderten Satz auf Diskette schreiben, den nächsten Satz
lesen und aktivieren, ...

```
. REPLACE ALL Umsatz with 0
   10 Datensätze ersetzt
```

Projektion durch REPLACE: Der Inhalt aller Felder wird auf 0 bzw. "
(Leerstring) gesetzt.

```
. REPLACE ALL Nummer with '0', Name with '', Umsatz with 0
   10 Datensätze ersetzt
```

1.1.4.3 Datensätze löschen mit DELETE, PACK

> *Allgemein:* DELETE [Bereich] [FOR Bedingung]
> *Beispiel:*   DELETE FOR Nummer < '112'

Sätze logisch löschen, d.h. mit dem "*" als Löschmarkierung kennzeichnen.
Das Löschen bezieht sich entweder auf den aktiven Datensatz oder auf
die mit FOR ausgewählten Sätze.

```
. GO TOP
. DELETE FOR Nummer < '112'
   7 Datensätze gelöscht
```

```
Allgemein:  PACK
Beispiel:   PACK
```

Alle derzeit mit "*" markierten Sätze physikalisch von der Datei löschen.

```
. PACK
      3 Datensätze kopiert
. DISPLAY ALL
Datensatz#  NUMMER NAME                     UMSATZ
      1       113  Rohrbach               86900,25
      2       115  Schultheiß              4009,80
      3       117  Schulz-Heidelberger    45080,50
```

```
Allgemein:  RECALL [Bereich] [FOR Bedingung]
Beispiel:   RECALL ALL
```

Die Löschmarkierung des aktiven bzw. aller (ALL) Sätze aufheben. Nur logisch gelöschte Sätze lassen sich mit RECALL wiedergewinnen, nicht aber physikalisch gelöschte Sätze.

```
. DELETE ALL
      3 Datensätze gelöscht
. RECALL ALL
      3 Datensätze zurückgeholt
```

1.1.4.4 Datei kopieren

Beim Kopieren mit dem Befehl COPY TO ist zu unterscheiden, ob Inhalt und/oder Struktur bei gleichzeitiger Selektion und/oder Projektion kopiert werden.

1. Struktur und Inhalt der aktiven Datei komplett kopieren: Über den COPY-Befehl wird die aktive Datei (Quelldatei) in eine andere Datei (Zieldatei) kopiert.

```
Allgemein:  COPY TO Zieldateiname
Beispiel:   COPY TO Kunden1x
```

Die aktive Datei wird zwecks Datensicherung kopiert und unter dem Namen Kunden1x zusätzlich auf Diskette gespeichert.

```
. USE Kunden1
. COPY TO Kunden1x
     10 Datensätze kopiert
. DIR
dB-Dateien        Satznummern      Aktualisiert      Größe
KUNDEN1X.DBF              10        30.05.89           470
KUNDEN1.DBF              10        30.05.89           470


    940 Byte in      2 Datei(en)
 593920 Byte frei in Laufwerk
. USE
```

2. Teilkopie einer Datei anfertigen:

> *Allgemein:* COPY TO Dateiname [FIELDS Felder] [FOR Bedingung]
> *Beispiel:*   COPY TO Kunden1y FIELDS Name,Umsatz
>   FOR Name<'K'

Bei diesem Kopiervorgang wird eine Selektion (FOR Name<'K') mit einer
Projektion (zwei Felder Name und Umsatz) kombiniert. Die neu abgelegte
Teildatei Kunden1y ist somit kürzer und schmaler als die Quelldatei.

```
. USE Kunden1
. COPY TO Kunden1y FIELDS Name,Umsatz FOR Name < 'K'
     4 Datensätze kopiert
. USE Kunden1y
. LIST
Datensatz#  NAME                    UMSATZ
        1   Frei                   6500,00
        2   Hildebrandt            4990,05
        3   Amann                  1018,75
        4   Freiburger            10000,80
. USE
```

3. Struktur einer Datei kopieren:
Mit dem Befehlsparameter STRUCTU-
RE wird nur die Struktur, nicht aber der Inhalt kopiert.

> *Allgemein:* COPY STRUCTURE TO Dateiname [FIELDS ...] [FOR ...]
> *Beispiel:*   COPY STRUCTURE TO Kunden1z
>   FIELDS Name,Nummer

Von der Quelldatei wird nur die Struktur kopiert. Dabei werden durch eine Projektion nur die zwei Felder Name und Nummer in die Zieldatei Kunden1z übernommen.

```
. USE Kunden1
. COPY STRUCTURE TO Kunden1z FIELDS Name,Nummer
. USE Kunden1z
. DISPLAY STRUCTURE
Datensatzformat der dB-Datei: B:\KUNDEN1Z.DBF
Anzahl der Datensätze:        0
Datum der letzten Aktualisierung: 30.05.89
  Feld   Feldname    Typ        Länge   Dez    Index
     1   NAME        Zeichen      20            N
     2   NUMMER      Zeichen       4            N
** Gesamt **                      25
. USE
```

4. Datensätze ohne Struktur kopieren: COPY TO Dateiname DELIMITED kopiert alle Datensätze der aktiven Datei in eine TXT-Datei im Standard-Datenformat (ASCII-Code). Der Befehlsparameter DELIMITED kann somit als Gegenstück zum Parameter STRUCTURE aufgefaßt werden.

1.1.4.5 Datei sortieren

Eine Datei physikalisch nach einem Schlüssel sortieren: *Physikalisch sortieren* heißt *tatsächlich sortieren*. Durch den Befehl SORT werden die Sätze einer Quelldatei in sortierter Reihenfolge in einer Zieldatei zusätzlich auf Diskette gespeichert.

> *Allgemein:* SORT ON Feldname [Param.] TO Zieldateiname [FOR ...]
> *Beispiel:* SORT ON Name TO Kunden1a FOR Umsatz > 80000

Alle Sätze mit einem Umsatz über 80000 DM werden nach dem Namen aufsteigend sortiert und in einer Zeildatei Kunden1a gespeichert. Als Parameter können A (aufsteigend als Default), D (absteigend) und C (keine Unterscheidung von Groß-/Kleinschreibung) angegeben werden. Im Beispiel wird auf die Datei Kunden1 mit drei Sätzen von Abschnitt 3.1.4.3 Bezug genommen):

```
. USE Kunden1
. SORT ON Name to Kunden1a for Umsatz > 80000
  100% sortiert     3 Datensätze sortiert
```

```
. USE Kunden1a
. DISPLAY ALL
Datensatz#  NUMMER NAME                        UMSATZ
        1      111  Klaus-Schulte          130600.40
        2      113  Rohrbach                86900.25
        3      107  Schulte-Tillmann       109000.00
. USE
```

Eine Datei physikalisch nach mehreren Schlüsseln sortieren:

> *Allgemein:* SORT ON Feldname1,Feldname2,... TO Dateiname
>   [FOR ..]
> *Beispiel:*   SORT ON Nummer/d,Name TO Kunden1b

Nach der Nummer soll absteigend sortiert werden, wobei bei gleichen
Nummern nach dem Namen aufsteigend zu ordnen ist.

```
. USE Kunden1
. SORT ON Nummer/d,Name to Kunden1b
  100% sortiert        3 Datensätze sortiert
. USE Kunden1b
. LIST
Datensatz#  NUMMER NAME                        UMSATZ
        1      113  Rohrbach                86900.25
        2      111  Klaus-Schulte          130600.40
        3      107  Schulte-Tillmann       109000.00
. USE
```

1.1.4.6 Datei indizieren

Sachwortverzeichnis eines Buches als Index: Im Sachwortverzeichnis eines
Buches sind Suchbegriffe als Schlüssel alphabetisch sortiert abgelegt, wobei zu jedem Schlüssel die zugehörige Seitenzahl angezeigt bzw. *indiziert*
wird. Der Zugriff erfolgt stets in zwei Stufen: 1. Im Sachwortverzeichnis
sequentiell nach dem Begriff suchen und die Seitenzahl merken. 2. Im
Buch mehr oder weniger "direkt" auf die Seite zugreifen.

Dem Sachwortverzeichnis entspricht die Indexdatei: Zusätzlich zur Datendatei (z.B. Kunden1c.DBF) wird eine Indexdatei (KundNam1.NDX) erstellt, die zu jedem Schlüssel (z.B. Name) die Satznummer als Adresse
angibt.

- *Indexdatei mit Zwei-Felder-Indexsatz:* Schlüsselfeld (z.B. Name) mit dem Sortierbegriff und Adreßfeld mit der zugehörigen Satznummer der Datendatei. Die Indexdatei ist somit stets sehr schmal.
- *Datendatei mit n-Felder-Datensatz:* Die Datendatei kann beliebig breit bzw. umfangreich sein.
- *Dateityp DBF für Datendatei und NDX für Indexdatei:* DBF für Data Base File und NDX für iNDeX File. Das System fügt die Dateitypangaben (falls nicht angegeben) automatisch an den Dateinamen an.
- *Indexdatei wird automatisch sortiert:* Vom dBASE-System werden nur sortierte Indexdateien verwaltet. Bei einer Änderung wird jede geöffnete Indexdatei automatisch neu sortiert gespeichert.

```
                 Datendatei              Index unsortiert:    Index sortiert
                 Kunden1c.DBF:                                KundNam1.NDX:

 Satz-                                    Schlüssel-  Adreß   Schlüssel-  Adreß-
 nummer:    NUMMER NAME        UMSATZ     feld:       feld:   feld:       feld:

    1          101 Frei        6500.00   |Frei          1 |  |Amann         3 |
    2          109 Hildebrandt 4990.05   |Hildebrandt   2 |  |Frei          1 |
    3          110 Amann       1018.75   |Amann         3 |  |Freiburger    4 |
    4          103 Freiburger 10000.80   |Freiburger    4 |  |Hildebrandt   2 |
```

Datendatei und Indexdatei an einem Beispiel

1. Zur Datendatei nachträglich eine Indexdatei erzeugen mit INDEX ON:

> *Allgemein:* INDEX ON Schlüsselfeldname TO Indexdateiname
> *Beispiel:* INDEX ON Name TO KundNam1.NDX

Zur derzeit aktiven Datendatei Kunden1c.DBF wird ein Index erzeugt und unter dem Namen KundNam1.NDX als Indexdatei auf Diskette gespeichert; dabei dient das Datenfeld Name als Schlüsselfeld. Der anschließende LIST-Befehl liest sequentiell über diesen Index (Satznummernfolge 3-1-4-2).

```
. USE Kunden1
. COPY TO Kunden1c FOR Name < 'K'
      4 Datensätze kopiert
. USE Kunden1c
. DISPLAY ALL
Datensatz# NUMMER NAME                        UMSATZ
```

```
    1  101    Frei                    6500,00
    2  109    Hildebrandt             4990,05
    3  110    Amann                   1018,75
    4  103    Freiburger             10000,80
. INDEX ON Name TO KundNam1
    100% indexiert        4 Indexierte Datensätze
. DISPLAY ALL
Datensatz#  NUMMER NAME                    UMSATZ
    3  110    Amann                   1018,75
    1  101    Frei                    6500,00
    4  103    Freiburger             10000,80
    2  109    Hildebrandt             4990,05
. USE
```

2. Eine Datendatei mit einem Index öffnen und verarbeiten:

> *Allgemein:* USE Datendateiname INDEX Indexdateiname
> *Beispiel:*   USE Kunden1c.DBF INDEX KundNam1.NDX

Durch den Befehlsparameter INDEX wird zur Datendatei eine (bereits
existierende) Indexdatei geöffnet. Alle sequentiell arbeitenden Befehle
(wie LIST, DISPLAY, DELETE, REPLACE, LOCATE, ...) greifen nun
index-sequentiell über diesen Index auf die Datendatei zu.

```
. USE Kunden1c INDEX KundNam1.NDX
Hauptindex: KUNDNAM1
. LIST FOR Name < 'G'
Datensatz#  NUMMER NAME                    UMSATZ
    3  110    Amann                   1018,75
    1  101    Frei                    6500,00
    4  103    Freiburger             10000,80

. USE Kunden1c
. LIST FOR Name < 'G'
Datensatz#  NUMMER NAME                    UMSATZ
    1  101    Frei                    6500,00
    3  110    Amann                   1018,75
    4  103    Freiburger             10000,80
. USE
```

3. Auf einen Datensatz über den Index zugreifen:

> *Allgemein:*   SEEK Suchausdruck
> *Beispiel:*   SEEK 'Freib'

Der SEEK-Befehl sucht in der Indexdatei sequentiell nach dem ersten
Schlüssel, der mit 'Freib' beginnt und positioniert den Satzzeiger auf die
im Adreßfeld gefundene Datensatznummer.

```
. USE Kunden1c INDEX KundNam1.NDX
Hauptindex: KUNDNAM1
. SEEK 'Freib'
. DISPLAY
Datensatz#  NUMMER NAME                         UMSATZ
      4 103     Freiburger             10000,80
. SKIP 1
KUNDEN1C: Datensatznummer        2
. DISPLAY
Datensatz#  NUMMER NAME                         UMSATZ
      2 109     Hildebrandt            4990,05
. ? RECNO()
            2
. USE
```

4. Automatisches Aktualisieren der derzeit geöffneten Indexdatei:
 - *Unsortierte Datendatei:* Mit APPEND wird der Kunde 'Freibich-
   linghausen' als 5. Satz an die Datendatei angefügt. Die Datendatei
   bleibt stets unbewegt bzw. unsortiert gespeichert.
 - *Sortierte Indexdatei:* Da KundNam1.NDX als Indexdatei geöffnet
   war, wird diese vom System automatisch neu sortiert. dBASE verwaltet nur sortierte Indexdateien.

```
. USE Kunden1c INDEX KundNam1.NDX
Hauptindex: KUNDNAM1
. DISPLAY ALL
Datensatz#  NUMMER NAME                         UMSATZ
      3 110     Amann                  1018,75
      1 101     Frei                   6500,00
      4 103     Freiburger             10000,80
      2 109     Hildebrandt            4990,05
. APPEND
Datensatznummer        2
NUMMER      :109 :
NAME        :Hildebrandt         :
UMSATZ      : 4990,05:                 Strg-Ende eingetippt
. LIST
Datensatz#  NUMMER NAME                         UMSATZ
```

```
      3  110    Amann                     1018,75
      1  101    Frei                      6500,00
      5  120    Freibichlinghausen        4990,05
      4  103    Freiburger               10000,80
      2  109    Hildebrandt               4990,05
. USE
```

5. Indexdatei mit zusammengesetztem Schlüssel:

Die Kunden sollen nach Umsätzen sortiert gelistet werden. Bei gleichen
Umsätzen soll nach dem Namen sortiert angezeigt werden.
- Im zusammengesetzten Schlüsselfeld wird Umsatz und Name zu ei-
  nem String als Schlüssel verkettet.
- Funktion STR wandelt Umsatz in einen String der Länge 9 um.

```
. USE Kunden1c
. INDEX ON Umsatz TO KundUms1.NDX
  100% indexiert          5 Indexierte Datensätze
. LIST
Datensatz#  NUMMER NAME                   UMSATZ
      3  110    Amann                     1018,75
      2  109    Hildebrandt               4990,05
      5  120    Freibichlinghausen        4990,05
      1  101    Frei                      6500,00
      4  103    Freiburger               10000,80

. INDEX ON STR(Umsatz,9)+Name TO KundUms1
  100% indexiert          5 Indexierte Datensätze
. LIST
Datensatz#  NUMMER NAME                   UMSATZ
      3  110    Amann                     1018,75
      5  120    Freibichlinghausen        4990,05
      2  109    Hildebrandt               4990,05
      1  101    Frei                      6500,00
      4  103    Freiburger               10000,80
```


6. Hauptindexdatei bestimmt den Zugriff auf die Datendatei:

Zur Datendatei Kunden1c.DBF existieren nun die beiden Indexdateien
KundNam1.NDX und KundUms1.NDX. Öffnet man beide Indizes mit

```
USE Kunden1c INDEX KundUms1.NDX,KundNam1.NDX
```

dann werden beide Indizes bei jedem Änderungsdienst automatisch aktu-
alisiert. KundUms1.NDX als erstgenannte Datei ist die *Hauptindexdatei*,
da ihre Sortierfolge den Dateizugriff festlegt.

7. Hauptindexdatei wechseln mit SET INDEX TO Dateiname:
Die Hauptindexdatei kann man wie folgt wechseln:
   a) Datendatei mittels USE mit einer anderen Indexdatei öffnen.
   b) Hauptindexdatei bei permanent geöffneter Datendatei mit SET
       INDEX TO ... wechseln.
Die Möglichkeit a) arbeitet schneller und zuverlässiger.

> *Allgemein:* SET INDEX TO Name der Hauptindexdatei
> *Beispiel:*   SET INDEX TO KundNam1.NDX

```
Umständlich: Datendatei zu jedem        Besser: Datendatei bleibt geöffnet.
Wechsel der Indexdatei schließen        Nur die Hauptindexdatei wechseln
und neu öffnen mit USE ...              mit SET INDEX TO ...


. USE Kunden1c INDEX KundUms1.NDX       . USE Kunden1c INDEX KundUms1,KundNam1
. ...                                   . ...
. USE Kunden1c INDEX KundNam1.NDX       . SET INDEX TO KundNam1.NDX
. ...                                   . ...
. USE                                   . USE
```

Zwei Möglichkeiten zum Wechseln der Hauptindexdatei

Gibt man hinter SET INDEX TO ein "?" an, bietet das dBASE-System die
Namen aller verfügbaren Indexdateien zur Auswahl an:

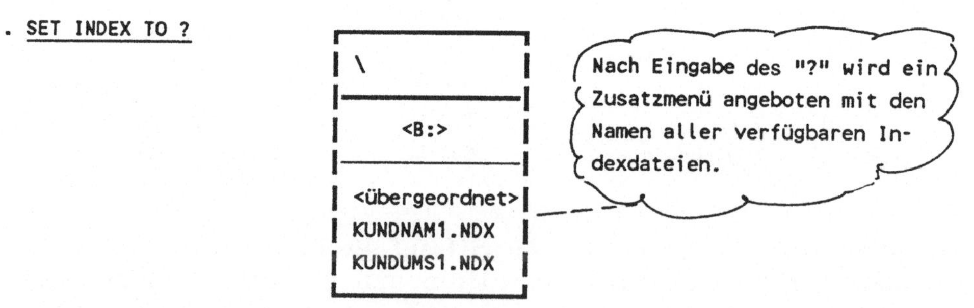


```
. SET INDEX TO KundNam1.NDX
```

1.1.5 Datei auswerten

1. Direktauswertung über LIST und DISPLAY (Rechenausdrücke):
Im Zuge der Projektion kann man über den LIST-Befehl Auswertungen vornehmen. Mit Umsatz*1.14 werden die Bruttoumsätze einschließlich 14% Mehrwertsteuer angezeigt.

```
. LIST Nummer,Name,Umsatz,Umsatz*1.14
Datensatz#  Nummer Name                    Umsatz    Umsatz*1.14
        1      101 Frei                    6500.00      7410.0000
        2      104 Maucher                  295.60       336.9840
        3      109 Hildebrandt             4990.05      5688.6570
        4      110 Amann                    1018.75      1161.3750
        5      107 Schulte-Tillmann      109000.00    124260.0000
        6      113 Rohrbach               86900.25     99066.2850
        7      115 Schultheiß              4009.80      4571.1720
        8      103 Freiburger             10000.840    11400.9120
        9      111 Klaus-Schulte         130600.40    148884.4560
       10      117 Schulz-Heidelberger    45080.50     51391.7700
```

2. Auswertung über Befehl SUM (Datenfelder aufsummieren):

> *Allgemein:* SUM Ausdruck [TO Speichervariable] [FOR Bedingung]
> *Beispiel:*   SUM Umsatz

Inhalte aller Umsatz-Felder Satz für Satz lesen und aufsummieren.

```
. SUM Umsatz
      10 Datensätze summiert
      UMSATZ
   398396.15
```

3. Auswertung über Befehl AVERAGE (Mittelwert bilden):

> *Allgemein:* AVERAGE Ausdruck [TO Speichervariable] [FOR ...]
> *Beispiel:*   AVERAGE Umsatz

Alle Umsatzfelder werden aufsummiert und anschließend gemittelt.

```
. AVERAGE Umsatz
      10 Datensätze gemittelt
      UMSATZ
    39839.62
```

4. Auswertung über Befehl COUNT (Anzahl der Datensätze zählen):

> *Allgemein:* COUNT [Bereich] [TO Speichervariable] [FOR Bedingung]
> *Beispiel:*   COUNT FOR Umsatz > 100000

Die Sätze zählen, für die die Bedingung Umsatz>100000 wahr ist.

```
. COUNT FOR Umsatz>100000
      2 Datensätze
```

5. Auswertung über Speichervariablen mit Wertzuweisungsbefehl STORE:
Speichervariablen sind dateiunabhängige Hilfsvariablen. Wertzuweisungen
erfolgen mit den Befehlen AVERAGE, SUM, COUNT, STORE und =.

> *Allgemein:* STORE Ausdruck TO Speichervariable
> *Beispiel:*   STORE Umsatz+1000 TO mSp1

Den Wert des Ausdrucks Umsatz+100 berechnen (Umsatz als *dateiabhängige* Feldvariable) und dann das Ergebnis nach mSp1 zuweisen (mSp1 als
dateiunabhängige Speichervariable).

```
. SUM Umsatz to mUmsatzSum
      10 Datensätze summiert
      UMSATZ
    398396.15
. COUNT TO mSatzAnzahl
      10 Datensätze
. STORE mUmsatzSum/mSatzAnzahl to mDurchschnittsUmsatz
      39839.62
```

6. Auswertung über Speichervariablen mit = als Wertzuweisungsbefehl:

> *Allgemein:* Speichervariable = Ausdruck
> *Beispiel:*   mSp2 = mSp2 + 1

Anstelle von STORE kann auch der Befehl = zur Wertzuweisung verwendet werden. Die folgenden Befehle sind identisch und erhöhen den Wert
von mSp2 um 1:

```
mSp2 = mSp2 + 1          Lies: mSp2 ergibt sich aus mSp2 plus 1
STORE mSp2 + 1 TO mSp2   Lies: Speichere mSp2+1 nach mSp2
```

7. Ausgabe der Auswertungsergebnisse (Stringkonstante, Variableninhalt):

> *Allgemein:* ? Ausgabeliste
> *Beispiel:*   ? 'Inhalt von Umsatz und mSp1: ',Umsatz,mSp1

Am Bildschirm werden drei durch "," aufgezählte Objekte angezeigt: eine Stringkonstante (Zeichen zwischen ' '), der Inhalt einer Feldvariablen (Umsatz) und der Inhalt einer Speichervariablen (mSp1).

```
 . ? 'Durchschnitt: ',mDurchschnittsUmsatz,' DM/Kunde'
Durchschnitt:          39839.62, DM/Kunde
```

Feldvariablen als dateiabhängige Variablen:
- werden mit CREATE in der Dateistruktur erzeugt
- werden beim Öffnen der Datei im RAM eingerichtet
- speichern die Feldinhalte des aktiven Datensatzes im RAM
- werden z.B. mit APPEND, BROWSE, EDIT, @-SAY-GET-READ und REPLACE zugewiesen
- werden beim Schließen der Datei im RAM gelöscht

Speichervariablen als dateiunabhängige Variablen:
- werden durch die erste Wertzuweisung eingerichtet
- dienen der Ablaufsteuerung und Zwischenspeicherung
- werden z.B. mit ACCEPT, AVERAGE, COUNT, INPUT, STORE, SUM und WAIT zugewiesen
- existieren unabhängig vom Öffnen und Schließen einer Datei
- Variablenname mSp1 mit m für Memory- bzw. Speichervariable

Im dBASE-Handbuch werden Speichervariablen auch als Memoryvariablen bzw. (ohne Zusatz) als Variablen bezeichnet.

Unterscheidung von Feldvariablen und Speichervariablen

Aufgaben zu Abschnitt 1.1

1. Zum Anlegen einer neuen Datei.
   a) Worin unterscheiden sich LIST STRUCTURE und CREATE?
   b) "Dateistruktur = Datensatzstruktur." Ist die Gleichung korrekt?
   c) Wie lang dürfen Dateinamen und Datenfeldnamen sein?

2. Zum Erfassen von Datensätzen.
   a) Nennen Sie 2 Möglichkeiten zum Verlassen des APPEND-Modus.
   b) Ist APPEND ein Lesebefehl oder ein Schreibbefehl?

3. Legen Sie eine Adreßdatei ADRESS1.DBF mit folgender Struktur an
   und erfassen Sie einige Adreßsätze:
   1. Feld: Name, längster Name 25 Stellen.
   2. Feld: Vorname, maximal 10 Stellen.
   3. Feld: Titel, maximal 10 Stellen.
   4. Feld: Anrede, maximal 5 Stellen.
   5. Feld: Plz, Zeichenfeld, maximal 4 Stellen.
   6. Feld: Ort, maximal 20 Stellen.
   7. Feld: Strasse, maximal 20 Stellen.
   8. Feld: Tel, maximal 15 Stellen.
   a) Warum verbietet sich der N-Typ für das Datenfeld TEL?
   b) "Grundsatz: den Datentyp N verwendet man nur für Felder, mit
       denen gerechnet wird." Begründen Sie diesen Grundsatz.
   c) Wie groß ist die konstante Datensatzlänge der Datei?

4. Zum Anzeigen des Inhalts der in Abschnitt 3.1.3.1 wiedergegeben Datei Kunden1.DBF. Nennen Sie die Befehle zum Anzeigen von
   a) allen mit "F" beginnenden Kundennamen (Sätze komplett);
   b) allen mit "r" endenden Kundennamen (Sätze komplett);
   c) Kunde 4 mit Name und Umsatz;
   d) der Namensspalte von Kunden mit 10000 < Umsatz < 100000.

5. Sequentieller und direkter Zugriff auf die Datei.
   a) Welcher Satz erscheint, wenn man DISPLAY nach LIST tippt?
   b) Beschreiben Sie den sequentiellen Zugriff über DISPLAY FOR.
   c) Beschreiben Sie den Direktzugriff über GO 3 und DISPLAY.
   d) Wie beeinflussen GO 7, SKIP 7 und ? RECNO() den Satzzeiger?

6. Zum Pflegen der Datei.
   a) Unterscheiden Sie die folgenden Befehle zum Ändern:

```
REPLACE Umsatz WITH ... FOR Umsatz > 10000
REPLACE FOR Umsatz > 10000 Umsatz WITH ...
REPLACE Umsatz WITH ...
REPLACE ALL Umsatz WITH...
REPLACE Umsatz WITH ... FOR Nummer < 113
```

   b) Der Satz von Kunde "Rohrbach" ist zu löschen. Befehlsfolge?
   c) Worin unterscheiden sich die Befehle:

```
REPLACE Umsatz WITH 1000  und  REPLACE Umsatz WITH Umsatz + 1000
```

   d) Die Datei soll mittels SORT und mittels INDEX sortiert werden.
       Stellen Sie die Vorgehensweisen und Vor-/Nachteile gegenüber.

7. Zum Auswerten der Datei.
   a) Wie heißen dateiabhängige und dateiunabhängige Variablen?
   b) Worin unterscheiden sich SUM Umsatz und SUM Umsatz TO Su?

c) Testen Sie die Funktionen MAX, MIN und ROUND für das Datenfeld Umsatz.

d) Testen Sie die Funktionen ISUPPER, LEFT, LEN, LOWER, RIGHT, STUFF, SUBSTR, TRIM und UPPER für das Datenfeld Name.

e) Testen Sie die Funktionen BOF, DATE, LUPDATE, RECSIZE und TIME zur Datei.

8. In einer Datei TAGUNG1 werden für die Teilnehmer einer Tagung jeweils der Name, der Wohnort, die Ankunftszeit und der Vermerk "Tagungsgebühr bezahlt oder nicht bezahlt" gespeichert.

   a) Entwerfen Sie die Struktur der Datei, wenn im Hinblick auf Sortierbarkeit und Speicherplatz ökonomisch gearbeitet wird.

   b) Legen Sie die Datei an , und erfassen Sie zehn Sätze.

9. Wozu dienen die beiden Befehlsfolgen? Welche arbeitet schneller?

```
. USE Kunden2                        . USE Kunden2
. COPY STRUCTURE TO Hilf             . DELETE ALL
. USE Hilf                              10 Datensätze gelöscht
. COPY STRUCTURE TO Kunden2          . PACK
. USE Kunden2                        Keine Datensätze kopiert
. DISPLAY ALL                        . DISPLAY ALL
```

10. Wozu dienen die zwei Befehle SET ALTERNATE TO bzw. ON/OFF?

```
. SET ALTERNATE TO Protok1
. SET ALTERNATE ON                   . TYPE Protok1.TXT
. USE Kunden1                        Protok1.TXT 17.07.89
. LIST FOR Name = 'F' FIELDS Umsatz,Name   . USE Kunden1
Datensatz#    Umsatz    Name         . LIST FOR Name='F' Umsatz ,Name
        1     6500,00   Frei         Datensatz#     Umsatz Name
        8    10000,80   Freiburger          1     6500,00 Frei
. SET ALTERNATE OFF                          8    10000,80 Freiburger
. CLOSE ALL                          . SET ALTERNATE OFF
```

11. STRUCTURE EXTENDED erzeugt eine spezielle Strukturdatei.

   a) Wie sieht die Struktur der Datei KunStruc.DBF aus?

   b) Erzeugen Sie über KunStruc.DBF eine Datei KundenBe.DBF, die ein zusätzliches 4. Feld *Bemerkung* (Zeichen, Länge 40) aufweist.

```
. USE Kunden1
. COPY TO KunStruc STRUCTURE EXTENDED
. USE KunStruc
. DISPLAY ALL
Datensatz#  FIELD_NAME FIELD_TYPE FIELD_LEN FIELD_DEC FIELD_IDX
        1    NUMMER      C           4         0        N
        2    NAME        C          20         0        N
        3    UMSATZ      N           9         2        N
```

1.2   Grundlegende Programmstrukturen

Jede Arbeitssitzung mit dBASE als Werkzeug zur Dateiverarbeitung läuft in drei Schritten ab:

Schritt 1:	dBASE-System starten mit Eintippen von DBASE.

Schritt 2:	Befehle zur Dateiverarbeitung zur Ausführung bringen
	- menügesteuert über Regiezentrum (Menü-Modus,
	  Regie-Modus)
	- befehlsgesteuert am Prompt "." (Direkt-Modus)
	- programmgesteuert über eigene Programme
	  (Programm-Modus)

Schritt 3:	dBASE-System beenden mit Eintippen von QUIT.

Arbeiten im Direkt-Modus: Die in Schritt 2 eingegebenen Befehle werden direkt nach dem Eintippen ausgeführt (siehe Abschnitt 3.1).

Arbeiten im Programm-Modus: Die in Schritt 2 eingegebenen Befehle werden zunächst als Programm in einer speziellen Datei auf Diskette ge-speichert (konserviert), um später bei Bedarf wiederholt ausgeführt zu werden. Anders ausgedrückt: der Benutzer programmiert in dem von dBASE bereitgestellten Programmiersystem. Im vorliegenden Abschnitt 3.2 wird auf den Programm-Modus eingegangen.

1.2.1 Das erste dBASE-Programm

Unterscheidung von DBF-Datei und PRG-Datei:
- *DBF-Datei als Sammlung von Datensätzen:* Eine 'normale' dBASE-Datei enthält Datensätze, die in Felder unterteilt sind. Während die Anzahl der Felder je Satz über die Dateistruktur fest definiert ist, kann die Anzahl der Sätze zu- oder abnehmen. dBASE kennzeichnet solche Dateien mit dem Dateityp DBF (Data Base File).
- *PRG-Datei als Programm bzw. Folge von Befehlen:* Ein Programm enthält eine geordnete Folge von Befehlen. dBASE kennzeichnet solche Befehlsdateien mit dem Dateityp PRG (PRoGram file).
- *Dateien als Schachtel-Modell darstellen:* Beide Dateitypen kann man sich als Schachteln vorstellen. Der Dateiname entspricht der Aufschrift und die Datensätze bzw. Befehle entsprechen dem je-weiligen Dateiinhalt. Auf Diskette bzw. Festplatte sind beide Da-teien sichergestellt. Von der DBF-Datei wird zur Verarbeitungszeit stets nur ein Datensatz im RAM gehalten. Die PRG-Datei hinge-gen befindet sich zur Ausführungszeit komplett im RAM.

```
Programm Lesen0.PRG:              Datei Kunden1.DBF:

* ====== Programm Lesen0        NUMMER NAME                    UMSATZ
* Kundendatei lesen              101 Frei                    6500.00
USE b:Kunden1                    104 Maucher                  295.60
? 'Inhalt Datei Kunden1:'        109 Hildebrandt            4990.05
LIST                             110 Amann                   1018.75
? 'Programmende Lesen0'          107 Schulte-Tillmann     109000.00
USE                              113 Rohrbach              86900.25
RETURN                           115 Schultheiß             4009.80
                                 103 Freiburger           10000.80
                                 111 Klaus-Schulte       130600.40
                                 117 Schulz-Heidelberger  45080.50
```

Inhalt der Programmdatei:
Folge von 8 Befehlen

Inhalt der Datendatei:
Sammlung von derzeit 10 Sätzen

PRG-Datei mit Befehlen und DBF-Datei mit Datensätzen

Sechs Tätigkeiten zur Bedienung des dBASE-Programmiersystems: Beim
Eingeben und Testen eines Programmes sind sechs grundlegende Tätigkeiten zu unterscheiden. Am Beispiel des Programms Lesen0.PRG werden
die Tätigkeiten erläutert.

Tätigkeit:	*Befehl:*
1. Programm eingeben mit	MODIFY COMMAND Lesen0
2. Programm ausführen mit	DO Lesen0
3. Programmtext listen mit	TYPE Lesen0.PRG
4. Programm ändern mit	MODIFY COMMAND Lesen0
5. Programmnamen zeigen mit	DIR Lesen0.*
6. Programm entfernen mit	ERASE Lesen0.PRG

Tätigkeiten zur Bedienung des dBASE-Programmiersystems

1. Tätigkeit: Programm eingeben mit MODIFY COMMAND Lesen0
- Der Befehl MODIFY COMMAND ruft den dBASE-Editor auf.
  Dabei wird der Programmname Lesen0 durch Lesen0.PRG ersetzt.
- Da kein Programm Lesen0.PRG im aktiven Laufwerk gefunden
  wird, wird ein leerer Editierbereich bereitgestellt. Das Programm
  wird nun Zeile für Zeile eingetippt. Mit Strg-Ende wird der MO-
  DIFY-COMMAND-Modus wieder verlassen.

- MODIFY COMMAND B:Lesen0 sucht in Laufwerk B: nach der Datei Lesen0.PRG.
- Ab dBASE IV stellt der Editor die Unterbefehle Layout, Text, Suchen, Drucken und Ende bereit.

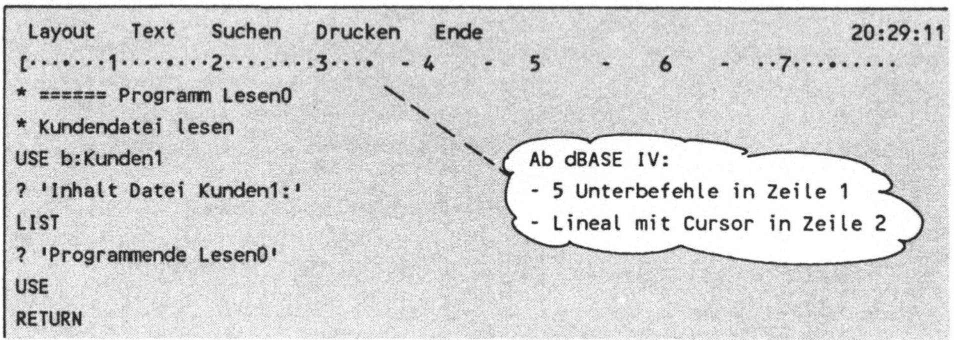

2. Tätigkeit: Programm ausführen mit DO Lesen0

- DO ersetzt den Namen Lesen0 durch Lesen0.PRG und übernimmt zwei Aufgaben: 1. Datei Lesen0.PRG vom aktiven Laufwerk in den RAM laden und 2. das nunmehr aktive Programm ausführen.
- "Ausführen" heißt "die im Programm gestapelten Befehle Schritt für Schritt aufrufen". Am Bildschirm erscheint folgendes Protokoll:

```
. DO Lesen0                                    && Programm Lesen0 laden
Kompilieren der Zeile:     10                  && Lesen0 übersetzen
Inhalt Datei Kunden1:
Datensatz# NUMMER NAME        UMSATZ
    1       101   Frei                 6500.00  && Programm Lesen0
    2       104   Maucher               295.60  && ausführen
.......
   10       117   Schulz-Heidelberger 45080.50
Programmende Lesen0.
.                                              && Ausführung beendet
```

- Nach der Ausführung wird die Kontrolle an die rufende Ebene zurückgegeben; im vorliegenden Fall ist dies die dBASE-Befehlsebene, die sich mit dem Promptzeichen "." meldet.

3. Tätigkeit: Programmtext auflisten mit TYPE Lesen0.PRG

- Der TYPE-Befehl gibt den Programmtext im ASCII-Code aus. Ohne Angabe des Dateityps PRG ergibt sich ein Fehler.
- Vier Möglichkeiten zum Ausdrucken des Programmtextes:

> 1. Strg-P, dann TYPE ..., dann wieder Strg-P (bzw. Ctrl-P).
> 2. SET PRINT ON, dann TYPE ..., dann SET PRINT OFF.
> 3. TYPE ..., dann Druck-Taste (nur bei kurzem Programmtext).
> 4. Unterbefehl Drucken des Editors (ab dBASE IV).

```
* ====== Programm Lesen0      && Befehl * gibt Kommentar aus, der bei der

* Kundendatei lesen           &&         Programmausführung mit DO nicht erscheint

USE b:Kunden1                  && Befehl zum Öffnen der Datei

? 'Inhalt Datei Kunden1:'      && Befehl zum Anzeigen der Textes zwischen '  '

LIST                           && Befehl zum Anzeigen des kompletten Dateiinhalts

? 'Programmende Lesen0'        && Befehl zur Textausgabe

USE                            && Befehl zum Schließen der aktiven DBF-Datei

RETURN                         && Befehl zum Beenden der Programmausführung
```

4. Tätigkeit: Programmtext ändern mit MODIFY COMMAND Lesen0

- Der Befehl MODIFY COMMAND dient zum erstmaligen Erfassen
  eines Programmtextes (1. Tätigkeit) wie auch zum nachträglichen
  Ändern des bereits vorhandenen Programmtextes.
- Zwei Aufgaben von MODIFY COMMAND: 1. Genanntes Programm vom aktiven Laufwerk in den RAM laden. 2. Programm
  zum Editieren (Bearbeiten, Ändern) bereitstellen.
- Ein dBASE-Programm kann auch über einen anderen Editor (z.B.
  über Word oder Wordstar) editiert werden. Dazu wird in der Datei
  CONFIG.DB z.B. TEDIT=C:\WORD als Texteditor angegeben.

5. Tätigkeit: Namen auf Diskette anzeigen mit DIR Lesen0.*

- Mit dem Dateigruppenzeichen * werden alle drei Versionen des
  Programmes Lesen0 angezeigt.
- Der dBASE-Editor speichert die letzte 'Programmversion' als
  PRG-Datei und die vorletzte Version als BAK-Datei (BAK für
  Back-Up bzw. Sicherungskopie) ab.
- Ab dBASE IV wird bei Aufruf des Befehls DO Lesen0 die Quell-
  datei Lesen0.PRG (vom Benutzer lesbarer Quelltext) in eine Ob-
  jektdatei Lesen0.DBO (vom System ausführbarer Maschinencode
  bzw. "Zwischencode") übersetzt und im aktiven Laufwerk abgelegt.

```
. DIR Lesen0*.*

LESENO.PRG        LESENO.BAK        LESENO.DBO


    593 Byte in     3 Datei(en)
516096 Byte frei in Laufwerk
```

6. Tätigkeit: Kopie von Diskette entfernen mit ERASE Lesen0.BAK
  - BAK-Dateien nehmen Speicherplatz in Anspruch und können bei Bedarf über den ERASE-Befehl gelöscht werden.
  - Hinweis: Aus Sicherheitsgründen weist der ERASE-Befehl die Dateigruppenzeichen "*" (Zeichenkette) und "?" (Einzelzeichen) ab.

1.2.2 Programme mit Folgestrukturen

Problemstellung zu Programm Suchen1:
Ein Programm namens Suchen1 soll einen einzelnen Datensatz in der Datei suchen und - falls gefunden - am Bildschirm anzeigen. Die Programmentwicklung ist gemäß *Schrittplan* (Abschnitt 1.6) vorzunehmen.

Zwei Ausführungen zu Programm Suchen1:   **Strukturbaum zu Suchen1:**

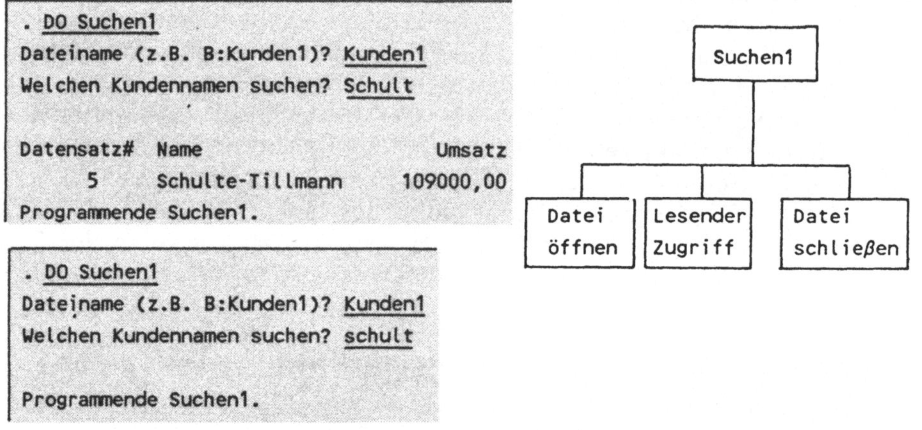

dBASE-Quelltext zu Programm Suchen1:

```
* ====== Programm Suchen1
* Lineares Programm. Suchbefehl Locate.
CLEAR                                          && Bildschirm löschen
SET TALK OFF                                   && Systemmeldungen abstellen
ACCEPT 'Dateiname (z.B. B:Kunden1)? ' TO Datei && Speichervariable Datei
USE &Datei                                     && Datei öffnen
ACCEPT 'Welchen Kundennamen suchen? ' to NameSuch && Speichervariable NameSuch
LOCATE FOR NameSuch $ Name                     && Satzzeiger auf Such-Satz
DISPLAY Name,Umsatz                            && Aktiven Satz anzeigen
USE                                            && Aktive Datei schließen
? 'Programmende Suchen1.'
RETURN                                          && Zur rufenden Ebene zurück
```

Sequentieller Suchbefehl LOCATE FOR mit zwei Aufgaben:

> *Allgemein:* LOCATE [Bereich] FOR Suchbedingung
> *Beispiel:*   LOCATE FOR NameSuch $ Name

1. Geöffnete Datei vom aktiven Satz an durchsuchen, bis die Bedingung erfüllt oder das Dateiende erreicht ist.
2. Satzzeiger auf den gesuchten Satz positionieren oder EOF() auf wahr setzen.

Makro-Funktion &: Die Funktion & wird benutzt, um das Programm Suchen1 auf Kundendateien mit verschiedenen Namen (z.B. Kunden1, Kunden77 usw.) anwenden zu können.

USE Kunden1	Eine DBF-Datei namens Kunden1 öffnen.
USE Datei	Eine DBF-Datei namens Datei öffnen (ergibt einen Fehler, da nicht auf Diskette vorhanden).
USE &Datei	Eine DBF-Datei öffnen, deren Name in der Speichervariablen Datei abgelegt ist.

Makro-Funktion & an einem Beispiel

Drei Feldvariablen nehmen den aktiven Datensatz auf:
- Die Befehle USE &Datei und LOCATE weisen den Feldvariablen neue Werte zu.
- Der Befehl USE löscht alle Feldvariablen im RAM.

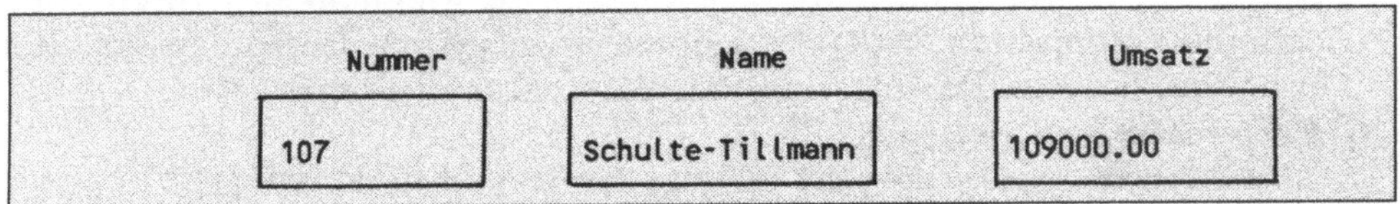

Drei Speichervariablen dienen der Programmsteuerung:
- Der Befehl ACCEPT weist der Variablen Datei den über die Tastatur eingetippten Dateinamen zu.
- Der Befehl ACCEPT weist der Variablen NameSuch den über die Tastatur eingetippten Suchbegriff zu.
- Der Befehl LOCATE weist der vordefinierten Variablen RECNO() die Datensatznummer 5 zu.

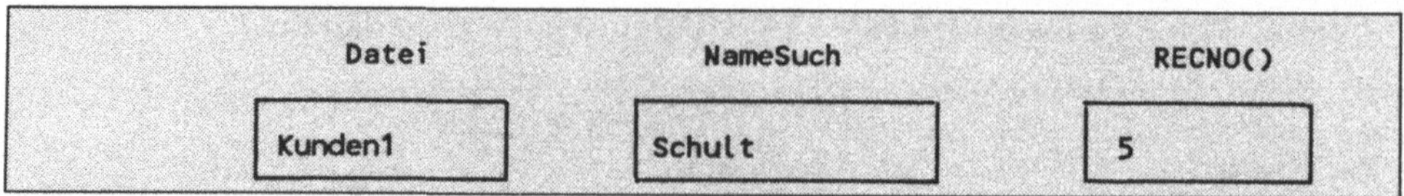

Aufgaben zu Abschnitt 1.2.1 und 1.2.2

1. Ändern Sie das Programm Suchen1 so zu einem Programm Suchen1a
   ab, daß in der Datei Kunden1.DBF der erste Kunde mit einem bestimmten Mindestumsatz wie folgt gesucht wird:

```
. DO Suchen1a
Name der Kundendatei? kunden1
Umsatzgrenze? 20000
Schulte-Tillmann      mit  109000.00  DM Umsatz.
Programmende Suchen1a.
```

2. Erklären Sie Übereinstimmung und Unterschied zwischen:
   a) USE MESSDAT1, USE MESSDAT1.DBF und USE &MESSDAT1.
   b) MODIFY COMMAND A, DO A, DO A.PRG und TYPE A.PRG.
   c) PRG-Datei und DBF-Datei.
   d) DISPLAY, DISPLAY OFF, DISPLAY Name und ? Name.
   e) * Freiburg, ? 'Freiburg', ? Freiburg und && Freiburg.
   f) LIST und TYPE X.
   g) USE (ohne weitere Angabe), Strg-Ende und RETURN.
   h) SET PRINT ON und Strg-P.

3. Durch die Protokolleinrichtung hat man die Möglichkeit, durch Programme automatisch neue Programme erzeugen zu lassen. Testen und
   erklären Sie dazu das folgende Beispielprogramm ProgErz.PRG:

```
* ====== Programm ProgErz
* Ein Programm erzeugen über die Protokolleinrichtung SET ALTERNATE TO
ACCEPT 'Name des neuen Programms? ' TO mDatei
mDatei = mDatei + '.PRG'
SET ALTERNATE TO &mDatei                    && Programmdatei öffnen
SET ALTERNATE ON                            && Protokollierung einschalten
? 'USE Kunden1'
? 'INDEX ON Umsatz TO KunUms.NDX'           && Fünf Befehle protokollieren
? 'LIST Name, Umsatz, Nummer'
? 'USE'
? 'RETURN'
SET ALTERNATE OFF                           && Protokollierung abschalten
SET ALTERNATE TO                            && Programmdatei schließen
RETURN
```

1.2.3   Programme mit Wiederholungsstrukturen

1.2.3.1 Schleife bis zum Dateiende

Problemstellung zu Programm Lesen1:
Ein Programm namens Lesen1 soll alle Kundensätze so anzeigen, daß der
nächste Kunde erst auf Tastendruck am Bildschirm erscheint.

dBASE-Quelltext zu Programm Lesen1:   **Struktogramm zu Lesen1:**

```
* ====== Programm Lesen1
* Alle Sätze lesen. Schleife bis zum Dateiende.
SET TALK OFF
SET HEADING OFF
ACCEPT 'Dateiname? ' TO Datei
USE &Datei
DO WHILE .NOT. EOF()
  DISPLAY OFF
  WAIT
  SKIP 1
ENDDO
SET HEADING ON
USE
? 'Programmende Lesen1.'
RETURN
```

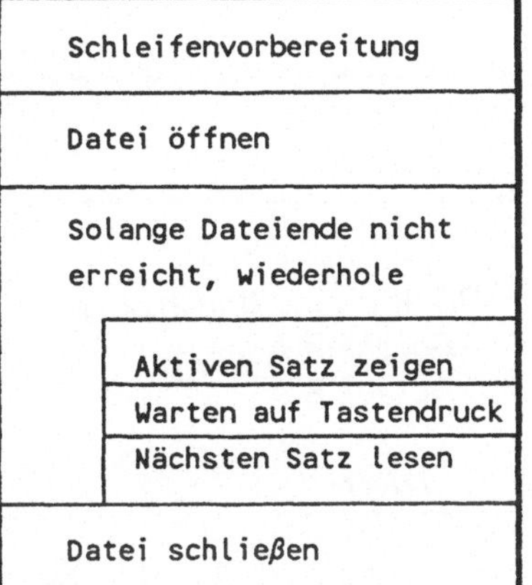

Ausführung zu Programm Lesen1:

```
. DO Lesen1
Dateiname? Kunden1
 101  Frei                    6500,00
Weiter mit beliebiger Taste __
 104  Maucher                  295,60
Weiter mit beliebiger Taste __
 109  Hildebrandt             4990,05
...
Programmende Lesen1.
```

Kontrolle der Programmschleife über die Befehle DO WHILE - ENDDO:
- *Befehle DO WHILE - ENDDO:* Diese Befehle klammern den Wie-
  derholungsteil der Schleife ein.
- *Schleifenbedingung .NOT. EOF():* Der Wiederholungsteil wird
  durchlaufen, solange das Dateiende nicht erreicht ist, d.h. solange
  .NOT. EOF() wahr ist (EOF() für "End Of File" bzw. "Dateiende").

- *Funktion EOF():* Die Funktion gibt den Wert .T. (True, wahr) zurück, wenn das Dateiende erreicht ist; andernfalls wird der Wert .F. (False, unwahr) zurückgegeben.
- *Befehl WAIT:* Die Programmausführung unterbrechen, bis vom Benutzer irgendeine Taste gedrückt wird.
- *Befehl SKIP 1:* Den nächsten Satz von der Datei in die Feldvariablen einlesen, d.h. den Datensatzzeiger um 1 erhöhen. Durch den folgenden DISPLAY-Befehl kann nun dieser aktive Satz angezeigt werden.
- *Befehl ENDDO:* Zum vorangehenden DO WHILE-Befehl zurückverzweigen, d.h. den Wiederholungsteil der Schleife als *Befehlsblock* einklammern.

Befehl V1 *Befehl V2* ...	Vorbereitungsteil der Schleife
DO WHILE Bedingung	Beginn des Wiederholungsteils Schleifenbedingung
Befehl W1 *Befehl W2*	Schleifenkörper
... *ENDDO*	Ende des Wiederholungsteils

dBASE-Befehle DO WHILE-ENDDO zur Schleifenkontrolle

1.2.3.2 Offene Schleife

Problemstellung zu Programm Lesen2:
Das Programm Lesen2 dient der Dateipflege. Kundensätze sollen über die EDIT-Maske geändert werden können, wobei der Benutzer nur die jeweilige Datensatznummer einzutippen braucht.

dBASE-Quelltext zu Programm Lesen2:

```
* ====== Programm Lesen2
* Satzinhalte ändern. Offene Schleife.
SET TALK OFF
ACCEPT 'Welche Datei ändern? ' TO Datei                    && String zuweisen
USE &Datei
INPUT 'Satznummer zur Änderung (0=Ende)? ' TO NummerAend   && Zahl zuweisen
DO WHILE NummerAend <> 0
   EDIT NummerAend                                          && EDIT-Modus rufen
```

```
   CLEAR
   INPUT 'Satznummer (0=Ende)? ' TO NummerAend
ENDDO
USE
? 'Programmende Lesen2.'
RETURN
```

Ausführung zu Programm Lesen2:   **Struktogramm zu Lesen2:**

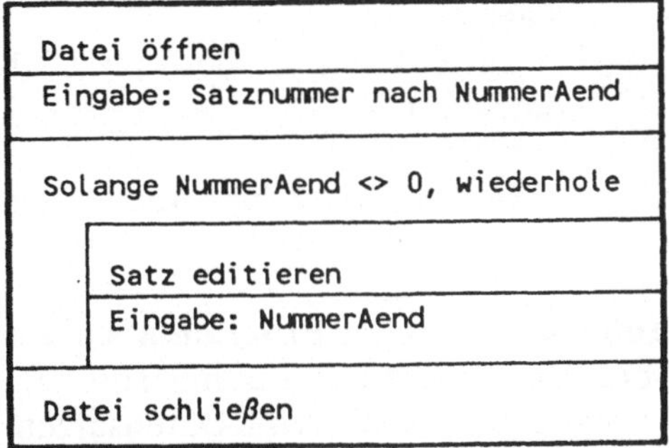

String an Speichervariable zuweisen durch ACCEPT:

> *Allgemein:*   ACCEPT 'Hinweistext' TO String-Speichervariable
> *Beispiel:*   ACCEPT 'Welche Datei ändern? ' TO Datei

Die durch ACCEPT zugewiesene Variable hat den Datentyp String (auch
Text, Zeichen bzw. Character (C) genannt). Durch Tippen der Return-
Taste wird der ASCII-Wert 0 zugewiesen (mit ASC(Datei)=0 abfragen).

Numerischen Wert an Speichervariable zuweisen durch INPUT:

> *Allgemein:*   INPUT 'Hinweistext' TO Numerische Speichervariable
> *Beispiel:*   INPUT 'Satznummer? ' TO NameAend

Bei der erstmaligen Zuweisung wird eine Variable vom Datentyp N (numerisch) eingerichtet.

1.2.3.3 Geschlossene Zählerschleife

Offene Schleife in Programm Lesen2 (vorhergehender Abschnitt):
- Zum Zeitpunkt des Eintritts in die Schleife ist offen, wie oft die Änderungsschleife durchlaufen wird.
- Das Endesignal (Wert 0) wird vom Benutzer im Wiederholungsteil der Schleife eingegeben.

Geschlossene Schleife in Programm Lesen3:
- Die Anzahl der Schleifendurchläufe wird im Vorbereitungsteil festgelegt.
- Während der Schleifenausführung ist die Anzahl der Durchläufe konstant.

Gegenüberstellung von offener und geschlossener Schleife

Problemstellung zu Programm Lesen3:
Über das Programm Lesen3 soll eine vom Benutzer bei Programmbeginn eingegebene Anzahl von Datensätzen gelesen und angezeigt werden.

Ausführung zu Programm Lesen3:

```
. DO Lesen3
Welche Datei lesen? Kunden1
Wieviele Kundensätze lesen? 2
Frei                mit      6500,00  DM Umsatz
Maucher             mit       295,60  DM Umsatz
Programmende Lesen3.
```

dBASE-Quelltext zu Programm Lesen3:   **Struktogramm zu Lesen3:**

```
* ====== Programm Lesen3
* Teildatei lesen. Zählerschleife.
ACCEPT 'Welche Datei lesen? ' TO Datei
USE &Datei
INPUT 'Wieviele Kundensätze lesen? ' TO Anzahl
z = 0
DO WHILE z < Anzahl
  ? Name,' mit ',Umsatz,' DM Umsatz'
  z = z + 1
  SKIP
ENDDO
USE
? 'Programmende Lesen3.'
RETURN
```

Datei öffnen
Initialisieren: Anfang, z=0
Solange z<Anzahl, wiederhole
Ausgabe: Name,Umsatz
Erhöhen: z = z+1
Lesen: nächsten Satz
Datei schließen

> *1. Im Vorbereitungsteil den Anfangswert für den Zähler z setzen:*
>   Wertzuweisung z = 0 (lies: z ergibt sich aus Null).
>
> *2. In der Schleifenbedingung z mit dem Endwert vergleichen:*
>   Ergibt die Bedingung z<Anzahl den Wert .F. (False, unwahr), so
>   wird die Schleife verlassen.
>
> *3. Im Schleifenkörper den Zähler z um 1 erhöhen:*
>   Die Wertzuweisung z=z+1 (lies: z ergibt sich aus z+1) erhöht den
>   Inhalt der Zählervariablen z bei jeder Wiederholung um 1.

Eine Zählervariable z in drei Schritten verarbeiten

Aufgaben zu Abschnitt 1.2.3

1. Zur Schleife, die bis zum Dateiende wiederholt wird.
    a) Testen Sie Programm Lesen1a , und korrigieren Sie den Fehler.
    b) Worin unterscheiden sich die Schleifen von Lesen1a und Lesen1?

```
* ====== Programm Lesen1a
SET TALK OFF
USE Kunden1
COUNT TO Satzanzahl

DO WHILE RECNO() <= Satzanzahl
  ? Name, Nummer
  SKIP 1
ENDDO
USE
? 'Programmende Lesen1a.'
RETURN
```

2. Zur offenen Schleife. Erstellen Sie das Programm Lesen2a als Änderung zu Programm Lesen2.

```
Welche Datei lesen? kunden1          Die ..?.. letzten Sätze lesen? 2
Kundenname (Return = Ende)? Rohrbach  Kundenname:           Umsatz: Kundennr:
... mit Umsatz  86900.25             Schulz-Heidelberger  45080.50  117
Kundenname? Freib                    Klaus-Schulte       130600.40  111
... mit Umsatz  10000.80             Programmende Lesen3a.
Kundenname?
Programmende Lesen2a
```

3. Zur geschlossenen Schleife. Ändern Sie das Programm Lesen3 zu Le-
    sen3a ab (dabei DO anstelle von SKIP nutzen).

1.2.4   Programme mit Auswahlstrukturen

1.2.4.1 Zweiseitige Auswahl mit IF-ENDIF

Problemstellung zu Programm Suchen2:
Das Programm Suchen 1 ist so zu ändern, daß je nach Suchergebnis zwei
Fälle ausgewählt werden: Satz nicht gefunden (Ja-Fall: Fehlermeldung)
oder Satz gefunden (Nein-Fall: Satz anzeigen).

Zwei Ausführungen zu Programm Suchen2:

```
. DO Suchen2
Dateiname (z.B. Kunden1)? Kunden1
Welchen Kundennamen suchen? Kai
... Kunde Kai nicht gefunden.
Programmende Suchen2.


. DO Suchen2
Dateiname (z.B. Kunden1)? Kunden1
Welchen Kundennamen suchen? Klau
      9  Klaus-Schulte        130600,40 111


Programmende Suchen2.
```

dBASE-Quelltext zu Programm Suchen2:   **Struktogramm zu Suchen2:**

```
* ====== Programm Suchen2
* Zweiseitige Auswahlstruktur. Suchbefehl Locate.
SET TALK OFF
ACCEPT 'Dateiname (z.B. Kunden1)? ' TO Datei
USE &Datei
ACCEPT 'Welchen Kundennamen suchen? ' TO NameSuch
LOCATE FOR NameSuch $ Name
IF EOF()
   ? '... Kunde',NameSuch,'nicht gefunden.'
ELSE
   DISPLAY Name,Umsatz,Nummer
ENDIF
USE
? 'Programmende Suchen2.'
RETURN
```

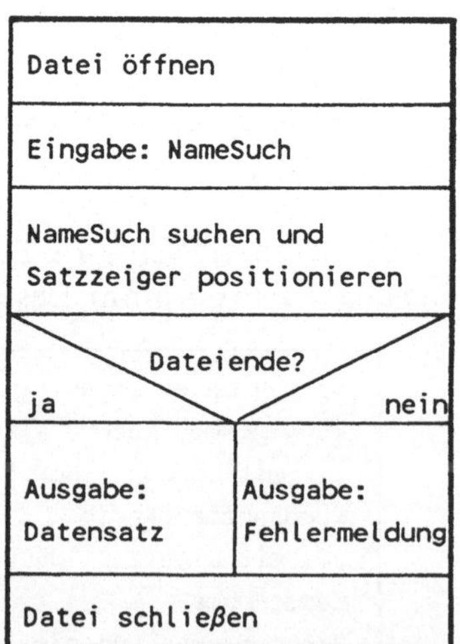

Kontrolle der zweiseitigen Auswahlstruktur mit Befehl IF-ELSE-ENDIF:
  - *Wenn (IF)* die Bedingung EOF() wahr ist, dann führe die zwischen

IF und ELSE angegebenen Befehle aus und fahre mit den Anweisungen hinter ENDIF fort.
- *Sonst (ELSE)* führe die zwischen ELSE und ENDIF angegebenen Befehle aus und fahre mit den Anweisungen hinter ENDIF fort.

Zweiseitige Auswahl:	**Einseitige Auswahl:**

IF Bedingung
  Befehl Ja1
  Befehl Ja2
  ....
ELSE
  Befehl Nein1
  Befehl Nein2
  ....
ENDIF
	IF Bedingung
	  Befehl Ja1
	  Befehl Ja2
	  ....
	ENDIF

Regel: "Tue dies, oder das"	**Regel: "Tue dies, oder nichts"**

dBASE-Befehle IF-ENDIF zur Kontrolle der Auswahlstrukturen

1.2.4.2 Programmstrukturen reihen und schachteln

Problemstellung zu Programm Lesen4:
Das Programm Lesen4 soll alle Datensätze mit einem bestimmten Mindestumsatz lesen und anzeigen. Zusätzlich soll die Anzahl der ausgewählten Sätze angezeigt werden.

Zwei Ausführungen zu Programm Lesen4:   **Struktogramm zu Lesen4:**

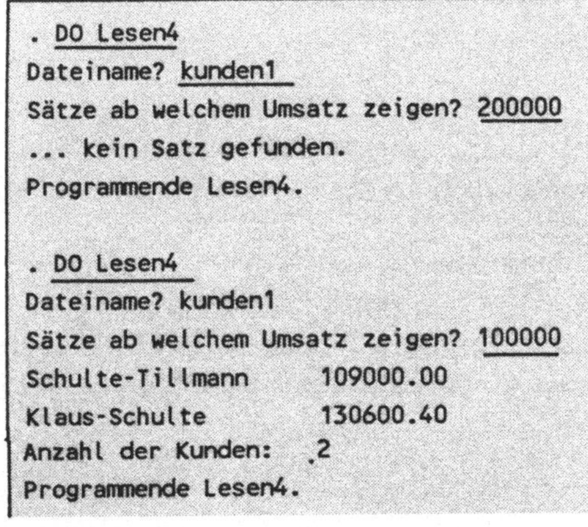

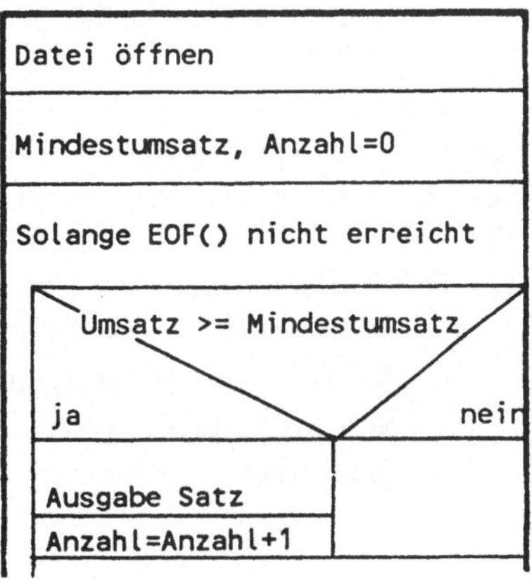

dBASE-Quelltext zu Programm Lesen4:

```
* ====== Programm Lesen4
* Programmstrukturen reihen und schachteln
SET TALK OFF
ACCEPT 'Dateiname? ' TO D
USE &D
INPUT 'Sätze ab welchem Umsatz zeigen? ' TO Mindestumsatz
Anzahl = 0
DO WHILE .NOT. EOF()
  IF Umsatz >= Mindestumsatz
    ? Name, Umsatz
    Anzahl = Anzahl + 1
  ENDIF
  SKIP 1
ENDDO
IF Anzahl > 0
  ? 'Anzahl der Kunden: ',STR(Anzahl,2)
ELSE
  ? '... kein Satz gefunden.'
ENDIF
USE
? 'Programmende Lesen4.'
RETURN
```

```
┌─────────────────────────────────────┐
│         Lesen nächsten Satz          │
├─────────────────────────────────────┤
│                Anzahl > 0            │
│ ja                            nein   │
├──────────────────┬──────────────────┤
│  Ausgabe Satz    │  Ausgabe Fehler  │
├──────────────────┴──────────────────┤
│   Datei unverändert schließen        │
└─────────────────────────────────────┘
```

Mehrere Programmstrukturen in einem Programm anordnen:
- Programmstrukturen können hintereinander (Reihung) oder ge-
  schachtelt angeordnet sein.
- Schachtelung in Programm Lesen4: Einseitige Auswahl *IF Umsatz*
  in der abweisenden Schleife *DO WHILE* eingeschachtelt.
- Reihung in Programm Lesen4: Zweiseitige Auswahl *IF Anzahl*
  hinter der Schleife *DO WHILE* angeordnet.

Schleife SCAN-ENDSCAN als Vereinfachung zu DO WHILE-ENDDO:
Zur Kontrolle der abweisenden Schleife steht ab dBASE IV neben DO
WHILE-ENDDO das Anweisungspaar SCAN-ENDSCAN zur Verfügung.
Das folgende Programm Lesen4s demonstriert dies:
- Indentische Ausführungen der Programme Lesen4 und Lesen4s.
- Schleife in Programm Lesen4 mit DO WHILE-ENDDO gesteuert.
  Schleife in Programm Lesen4s vereinfacht mit SCAN-ENDSCAN
  gesteuert.

```
* ====== Programm Lesen4s
* Programmstrukturen hintereinander und geschachtelt anordnen. SCAN-Schleife
SET TALK OFF
ACCEPT 'Dateiname? ' TO D
USE &D
INPUT 'Sätze ab welchem Umsatz zeigen? ' TO Mindestumsatz
Anzahl = 0
SCAN FOR Umsatz >= Mindestumsatz                 && SCAN vereinfacht WHILE
    ? Name, Umsatz
    Anzahl = Anzahl + 1
ENDSCAN
IF Anzahl > 0
  ? 'Anzahl der Kunden: ',Str(Anzahl,2)
ELSE
  ? '... kein Satz gefunden.'
ENDIF
USE
? 'Programmende Lesen4s.'
RETURN
```

Kontrolle der abweisenden Schleife mit SCAN-ENDSCAN:

Allgemein:	SCAN [Bereich] [FOR Bed] Befehle ENDSCAN
Beispiel:	SCAN FOR 'K' $ Name
	? Name,Umsatz
	ENDSCAN

- SCAN sucht stets vom ersten Datensatz an.
- SCAN führt den Vergleich hinter FOR aus und verzweigt entwe-
  der zum Folgebefehl oder zum Befehl hinter ENDSCAN.
- ENDSCAN erhöht den Datensatzzeiger um 1 und übergibt die
  Kontrolle an SCAN.
- Nach Verlassen der Schleife bleibt der Datensatzzeiger an der ak-
  tuellen Position stehen.

```
Schleifenkontrolle mit SCAN-ENDSCAN:      Schleifenkontrolle mit DO WHILE-ENDDO:


USE Kunden1                               USE Kunden1
INPUT "Umsatz? " TO Mindestumsatz         INPUT "Umsatz? " TO Mindestumsatz
SCAN FOR Umsatz >= Mindestumsatz          DO WHILE .NOT. EOF()
  ? Name, Umsatz                             IF Umsatz >= Mindestumsatz
ENDSCAN                                        ? Name, Umsatz
USE                                          ENDIF
                                             SKIP
                                           ENDDO
                                           USE
```

SCAN-Schleife als Vereinfachung der WHILE-Schleife

1.2.4.3 Mehrseitige Auswahl mit CASE-ENDCASE

Problemstellung zu Programm Lesen5:
Ein Programm Lesen5 soll angeben, wieviele Kunden Umsätze unter DM
50000, zwischen 50000 und 100000 bzw. über 100000 aufweisen.

dBASE-Quelltext zu Programm Lesen5:   **Struktogramm:**

```
* ====== Programm Lesen5
* Mehrseitige Auswahl als Fallabfrage mit CASE
ACCEPT 'Dateiname? ' TO Datei
USE &Datei
STORE 0 TO z1,z2,z3
DO WHILE .NOT. EOF()
  DO CASE
    CASE Umsatz < 50000
      z1 = z1 + 1
    CASE Umsatz >= 50000 .AND. Umsatz <= 100000
      z2 = z2 + 1
    CASE Umsatz > 100000
      z3 = z3 + 1
  ENDCASE
  SKIP 1
ENDDO
? 'Kunden mit Umsätzen unter 50000,'
?? ' 50000-100000, über 100000:'
? '                  ',z1,z2,z3
USE
? 'Programmende Lesen5.'
RETURN
```

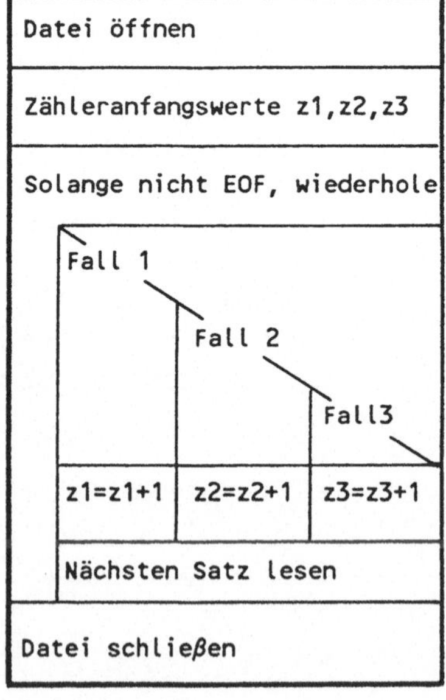

```
. DO Lesen5
Dateiname? kunden1

Kunden mit Umsätzen unter 50000, 50000-100000, über 100000:
                                 7          1          2

Programmende Lesen5.
```

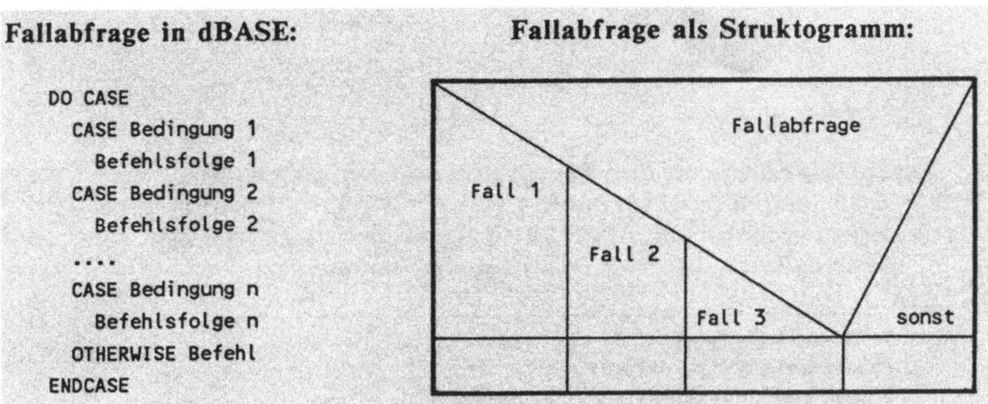

Fallabfrage in dBASE: **Fallabfrage als Struktogramm:**

```
DO CASE
   CASE Bedingung 1
      Befehlsfolge 1
   CASE Bedingung 2
      Befehlsfolge 2
   ....
   CASE Bedingung n
      Befehlsfolge n
   OTHERWISE Befehl
ENDCASE
```


Befehl DO CASE-ENDCASE zur Kontrolle der mehrseitigen Auswahl
als Fallabfrage

Aufgaben zu Abschnitt 1.2.4

1. Lesen einer Datensatzgruppe über LOCATE bzw. LIST FOR.
   a) Welcher Bildschirm erscheint bei Ausführung von Programm Le-
      sen6 (Bezug: Dateiinhalt Kunden1 wie in Abschnitt 3.1.3.1)?
   b) Ändern Sie zu Programm Lesen6a ab (LIST FOR statt LOCATE).
   c) Zeichnen Sie die Struktogramme zu Lesen6 und Lesen6a.

```
* ====== Programm Lesen6
USE Kunden1
INPUT 'Mindestumsatz? ' TO Mindest           USE
Nochmals = .T.                                ? 'Programmende Lesen6.'
LOCATE FOR Umsatz >= Mindest                  RETURN
DO WHILE Nochmals
  IF EOF()
    Nochmals = .F.
  ELSE
    ? Name, Umsatz
    WAIT 'weiter?'
    CONTINUE
  ENDIF
ENDDO
```

2. Erstellen Sie ein Programm Lesen7, das eine Kundendatei seriell oder über eine Indexdatei logisch fortlaufend liest und wie folgt anzeigt:

```
Name der Kundendatei? kunden1
Datei nach Namen sortiert (j/n)? j
Satznummer  NUMMER NAME                      UMSATZ
        4          110 Amann                1018.75
        1          101 Frei                 6500.00
        8          103 ...

        ...
Programmende Lesen7.
```

3. Anzahl der Sätze von drei Datensatzgruppen angeben.
   a) Erstellen Sie das Programm Lesen8 mit Auswahlstruktur über IF.
   b) Ersetzen Sie IF durch CASE (Programmname Lesen8a).
   c) Stellen Sie beide Abläufe als Struktogramme dar.

```
Dateiname? kunden1
Kunden mit Umsatz < 50000:                         7
Kunden mit 50000 <= Umsatz < 100000:              1
Kunden mit Umsatz >= 100000:                       2
Programmende Lesen8.
```

4. Vervollständigen Sie den dBASE-Quelltext zu einem Programm Mehrfach, das Sätze mit mehrfach in einer Datei belegten Feldern löscht.

```
. DO Mehrfach                          . DO Mehrfach
Datei alt? Kunden1                     Datei alt? Kunden1
Datei neu? Kunden1N                    Datei neu? Kunden1N
Feldname? Name                         Feldname? Umsatz
Keine Mehrfacheintragungen gefunden.      10000,80  gelöscht in Satz      5
Ende von Programm Mehrfach.               10000,80  gelöscht in Satz      6
                                             2 Eintragungen gelöscht.
                                       Ende von Programm Mehrfach.
```

```
* ====== Programm Mehrfach
CLEAR
ACCEPT 'Datei alt? ' TO mDateiAlt
ACCEPT 'Datei neu? ' TO mDateiNeu          .....
ACCEPT 'Feldname? ' TO mFeld               USE
USE &mDateiAlt                             ERASE Temp.DBF
SORT ON &mFeld TO mTemp                    ? 'Ende von Programm Mehrfach.'
USE mTemp                                  RETURN

.....
```

1.2.5 Programme mit Unterprogrammstrukturen

1.2.5.1 Ein Programm als Unterprogramm aufrufen

Programm Lesen0 als Programm aufrufen: Ruft man das Programm Lesen0 von der dBASE-Befehlsebene auf (also vom "."-Prompt aus), dann gibt der RETURN-Befehl als letzter Befehl des Programms Lesen0 die Kontrolle wieder an die dBASE-Befehlsebene zurück.

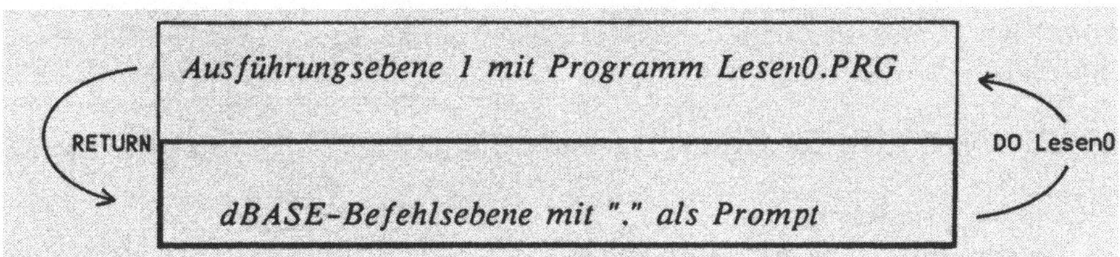

RETURN-Befehl zum Wechseln in die dBASE-Befehlsebene
als untergeordnete Nutzungsebene

Programm Lesen0 als Unterprogramm von Programm KundMen1 aufrufen: Lesen0 kann man als Unterprogramm nutzen, indem man es z.B. von einem *Menüprogramm* namens KundMen1 aufruft. Mit dem DO-Befehl wird zur übergeordneten Nutzungsebene gewechselt, und mit RETURN wird die Ablaufkontrolle wieder an die rufende Ebene zurückgegeben. Auf diese Weise kann man Programme bzw. Unterprogramme beliebig tief schachteln.

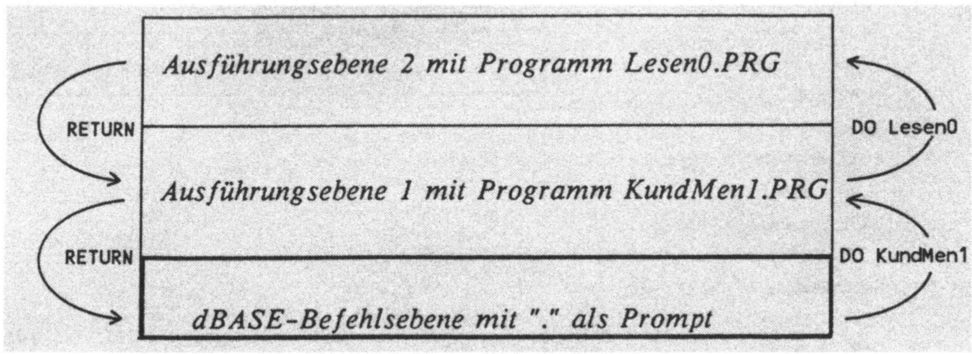

RETURN-Befehl zum Wechseln in zwei Nutzungsebenen

1.2.5.2 Unterprogramme als autonome Programme

Ein autonomes Unterprogramm wird wie jedes andere Programm auf Diskette bzw. Festplatte gespeichert, um dann von einem anderen Programm mit *DO Unterprogrammname* aufgerufen zu werden.

Problemstellung zum Menüprogramm KundMen1:
Ein Programm namens KundMen1 soll über ein Menü fünf Wahlmöglichkeiten zur Verwaltung einer Kundendatei anbieten, um je nach Auswahl eines der früher entwickelten Unterprogramme Lesen0, Suchen2, Lesen4 und Lesen2 aufzurufen.

dBASE-Quelltext zum Menüprogramm KundMen1:   **Strukturbaum:**

```
* ====== Programm KundMen1
* Menütechnik. Autonome Unterprogramme
SET TALK OFF
Auswahl = '9'
DO WHILE Auswahl <> '0'
   ? 'Verwaltung einer Kundendatei'
   ? '0  Ende'
   ? '1  Datensätze erfassen'
   ? '2  Dateiinhalt komplett anzeigen'
   ? '3  Sätze über den Namen suchen'
   ? '4  Sätze mit Mindestbestand anzeigen'
   ? '5  Sätze über Satznummer ändern'
   ACCEPT 'Auswahl 0 bis 5? ' TO Auswahl
   DO CASE
     CASE Auswahl = '1'
        USE kunden1
        APPEND
        USE
     CASE Auswahl = '2'
        DO Lesen0
     CASE Auswahl = '3'
        DO Suchen2
     CASE Auswahl = '4'
        DO Lesen4
     CASE Auswahl = '5'
        DO Lesen2
   ENDCASE
   WAIT
   CLEAR
ENDDO
? 'Programmende KundMen1.'
RETURN
```

Ausführung zum Menüprogramm KundMen1:   **Struktogramm:**

```
. DO Kundmen1
Verwaltung einer Kundendatei
0  Ende
1  Datensätze erfassen
2  Dateiinhalt komplett anzeigen
3  Sätze über den Namen suchen
4  Sätze mit Mindestbestand anzeigen
5  Sätze über Satznummer ändern
Auswahl 0 bis 5? 4
Dateiname? kunden1
Sätze ab welchem Umsatz zeigen? 100000
Schulte-Tillmann        109000.00
Klaus-Schulte           130600.40
Anzahl der Kunden:   2
Programmende Lesen4.
Irgendeine Taste drücken

Verwaltung einer Kundendatei
0  Ende
1  Datensätze erfassen
2  Dateiinhalt komplett anzeigen
3  Sätze über den Namen suchen
4  Sätze mit Mindestbestand anzeigen
5  Sätze über Satznummer ändern
Auswahl 0 bis 5? 0
Programmende KundMen1.
```

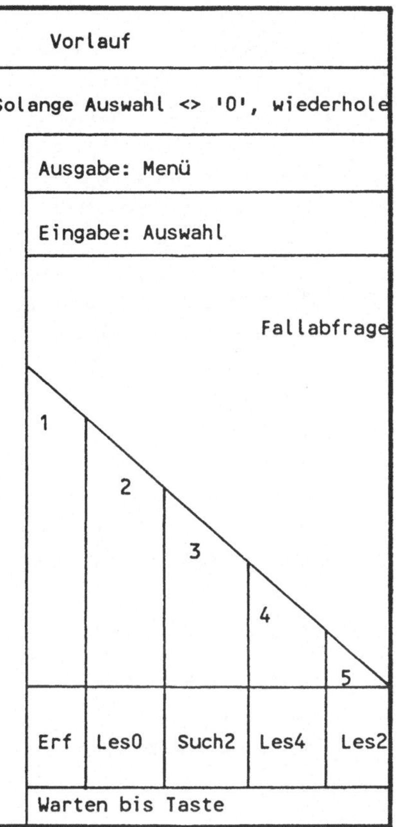

1.2.5.3 Unterprogramme als Teile einer Prozedurdatei

Problemstellung zum Menüprogramm KundMen2:
Ein Menüprogramm namens KundMen2 soll zwei Wahlmöglichkeiten an-
bieten, die als Unterprogramme in einer Prozedurdatei abgelegt sind. Die
Unterprogramme bzw. Prozeduren namens Proz1 und Proz2 sollen (zur
Demonstration) "leer" sein, damit später bei Bedarf die entsprechenden
Befehlsfolgen eingeschrieben werden können.

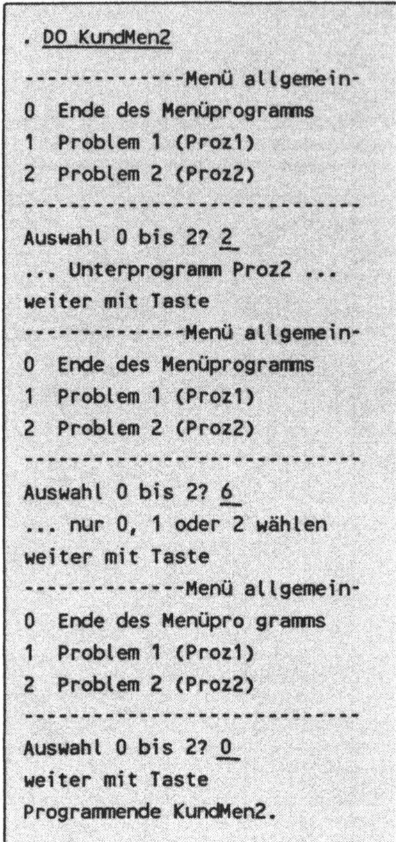

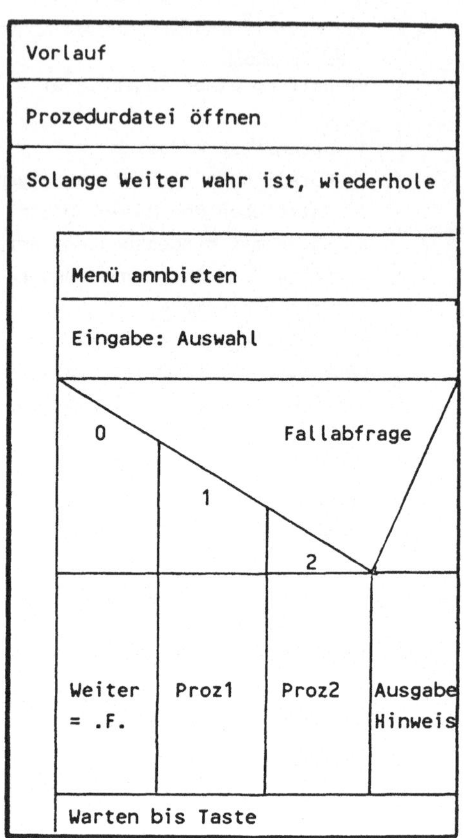

dBASE-Quelltext zum Menüprogramm KundMen2:

```
* ====== Programm KundMen2.PRG
* Menütechnik. Unterprogramme in Prozedurdatei
* KundPro2.PRG im RAM abgelegt
CLEAR ALL                               && System in den Anfangszustand
CLEAR
SET TALK OFF
SET PROCEDURE TO KundPro2               && Gesamte Prozedurdatei KundPro2
Weiter = .T.                            && in den RAM laden
DO WHILE Weiter
   ? '-------------Menü allgemein-'
   ? '0  Ende des Menüprogramms'
   ? '1  Problem 1 (Proz1)'
   ? '2  Problem 2 (Proz2)'
   ? '-----------------------------'
WAIT 'Auswahl 0 bis 2? ' TO Auswahl
```

```
      DO CASE                              && Mehrseitige Auswahl als
        CASE Auswahl = '0'                 && Fallabfrage mit CASE.
          Weiter = .F.                     && Weiter als Boolesche Variable
        CASE Auswahl = '1'
          DO Proz1
        CASE Auswahl = '2'
          DO Proz2
        OTHERWISE                          && Restfall bei Fallabfrage
          ? '... nur 0, 1 oder 2 wählen'
      ENDCASE
      WAIT 'weiter mit Taste'
      CLEAR
    ENDDO
    CLOSE PROCEDURE                        && Aktive Prozedurdatei schließen
    CLEAR ALL
    ? 'Programmende KundMen2.'
    RETURN
```

dBASE-Quelltext zur Prozedurdatei KundPro2:

```
    * ====== Prozedurdatei KundPro2.PRG
    * In Programm KundMen2.PRG geöffnet
    * mittels set procedure to KundPro2
```

```
    PROCEDURE Proz1
    ? '... Unterprogramm Proz1 ...'
    RETURN

    PROCEDURE Proz2
    ? '... Unterprogramm Proz2 ...'
    RETURN
```

Vorteile der Prozedurdatei:

- *Gutes Laufzeitverhalten:* Die Prozedurdatei wird beim Öffnen mit SET PROCEDURE TO Prozedurdateiname komplett in den RAM geladen. Beim Unterprogramm- bzw. Prozeduraufruf muß also nicht mehr auf den Externspeicher zugegriffen werden.
- *Einfache Handhabung:* Mit dem Befehl SET PROCEDURE TO Prozedurdateiname wird die Prozedurdatei geöffnet. Mit CLOSE PROCEDURE oder SET PROCEDURE TO wird die aktive Prozedurdatei geschlossen.
- *Klare Programmorganisation:* Ein Menüprogramm als Treiberprogramm (hier KundMen2.PRG) und eine Prozedurdatei mit den entsprechenden Prozeduren (hier KundPro2.PRG).

Nachteile der Prozedurdatei:

- Der Umfang der Prozedurdatei ist beschränkt (je nach dBASE-Version z.B. nur bis zu 32 Unterprogramme (dBASE III PLUS)).
- Organisationsproblem, falls Prozeduren aus verschiedenen Prozedurdateien aufzurufen sind.

Unterprogramme als Teile einer dBASE-Prozedurdatei

Aufgaben zu Abschnitt 1.2.5

1. Ändern Sie das Menüprogramm KundMen1 wie folgt zu einem Programm KundMen3 ab:
   - Unterprogramme Lesen0p, Suchen2p, Lesen4p und Lesen2p als Teil einer Prozedurdatei KundPro3.PRG aufgerufen.
   - Auswahlstruktur mit IF-ENDIF anstelle von CASE-ENDCASE.
   - Kundendatei in KundMen3 einmalig öffnen und schließen.

2. Erstellen Sie ein Menüprogramm VersMen1, das Versuchswerte in eine Versuchswertedatei schreibt (Prozedur Schreib1) bzw. liest (Prozedur Lesen1). Verwenden Sie eine Prozedurdatei namens VersPro1.

```
Zahlenwerte einer Versuchsreihe speichern und abrufen.
Dateiname (z.B. VERSUCH1.DBF)? versuch1
-------------------- versuch1
0  Ende des Menüprogramms VersMen1
1  Versuchswerte auf Datei schreiben
2  Versuchswerte von Datei lesen
-----------------------------
Auswahl 0 bis 2? 2
Satznummer        WERT
        1      87.004550
        2      89.811740
Ende von Prozedur Lesen1.
... weiter? __
...
Programmende VersMen1.
```

3. Erstellen Sie die fehlenden Unterprogramme Stoppen und Drucken.

```
* ====== Programm StopProg
* Stoppen einer Programmausführung (z.B. Ausdrucken) über Tastendruck ON KEY
CLEAR
SET TALK OFF
USE Kunden1            && Annahme: sehr große Datei
mWeiter = .T.         && Globale Variable für Schleife in Prozedur Drucken
ON KEY DO Stoppen     && Prozedur zur Abfrage auf Beendigung
WAIT '... Ausführung starten mit Tastendruck.'
DO Drucken            && Beispielprozedur: Alle Sätze von Kunden1.DBF drucken
ON KEY                && Deaktivieren der Tastenabfrage
USE
? 'Ende von Demonstrationsprogramm StopProg.'
RETURN
```

1.3   Unterprogrammtechnik

1.3.1 Programm und Unterprogramm

Ein Programm umfaßt eine Folge von Anweisungen. In dBASE kann man
eine Anweisungsfolge als Makro oder als Programm i.e.S. speichern. Makros werden über das Regie-Zentrum aufgezeichnet. Programme i.e.S.
werden über den dBASE-Editor eingegeben und bearbeitet.

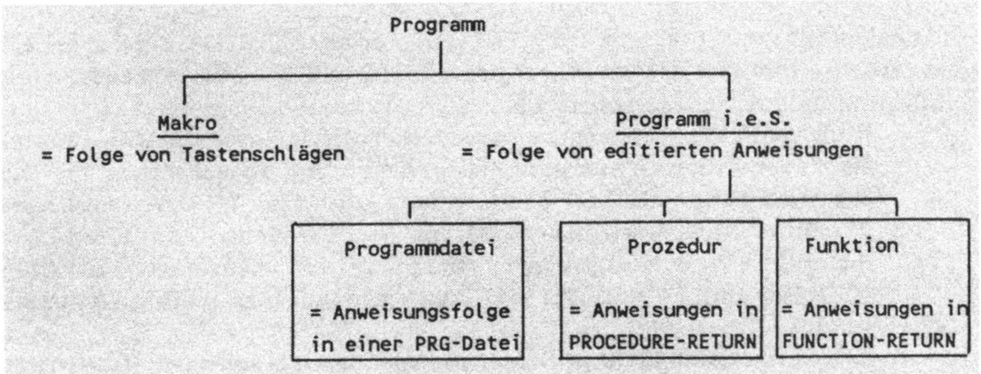

Programm als Folge von Anweisungen

Eine Programmdatei wird als Informationseinheit auf Diskette bzw. Festplatte gespeichert und mit einem Namen und Dateityp angesprochen. Im
Gegensatz zu Programmdateien sind Prozeduren und Funktionen nach
dem Laden permanent im Hauptspeicher verfügbar, wodurch die zeitrau-
benden Plattenzugriffe entfallen.
Ein Anwendungsprogramm (Applikation) umfaßt eine oder mehrere Programmdateien mit Prozeduren und Funktionen, deren Anzahl das dBASE-
System nicht beschränkt

1.3.1.1 Autonomes unstrukturiertes Programm

Im einfachsten Fall wird mit einem Programm gearbeitet, das als eigen-
ständige Informationseinheit auf dem Externspeicher abgelegt ist und mit
seinem Namen über die DO-Anweisung aufgerufen wird. Das Programm
Prog.PRG wird nach dem Aufruf mittels DO Prog übersetzt (Meldung
"Kompilieren der Zeile: 1,2,...,8) und ausgeführt, um die ersten vier Sätze der Datei Kunden1.DBF zu lesen:

```
* ====== Programm Prog.PRG          . DO Prog
* Autonomes Programm               Kompilieren der Zeile:    8
CLEAR                              Datensatz# NUMMER NAME              UMSATZ
```

```
USE Kunden1                         1      101    Frei         6500,00
DISPLAY NEXT 4                      2      104    Maucher       295,60
USE                                3      109    Hildebrandt   4990,05
? 'Programmende Prog.'             4      110    Amann        1018,75
RETURN                          Programmende Prog.
```

1.3.1.2 Autonomes Programm mit Unterprogrammen

Im Gegensatz zu Programm Prog.PRG (Abschnitt 3.3.1.1) sind innerhalb
des dBASE-Quelltextes von Programm Prog0Int.PRG drei Prozeduren als
Unterprogramme niedergeschrieben.

> Ruft man das Programm mit DO Prog0Int vom dBASE-Prompt
> auf, so wird es Anweisung für Anweisung abgearbeitet, bis die
> abschließende RETURN-Anweisung (hinter ? 'Programmende
> Prog0Int.') die Kontrolle wieder an die "."-Ebene von dBASE zu-
> rückgibt. Das Programm umfaßt zwei Ausgabeanweisungen
> (CLEAR und ?) und drei DO-Anweisungen zum Unterprogramm-
> aufruf.

> - DO Oeffnen sucht eine Prozedur namens Oeffnen und führt diese
>   aus. Die RETURN-Anweisung von Oeffnen gibt die Kontrolle
>   wieder an die rufende Ebene zurück, d.h. an die Ebene von Pro-
>   gramm Prog0Int.PRG.

```
* ====== Programm Prog0Int.PRG
* Autonomes Programm mit drei programmintern gespeicherten Unterprogrammen
CLEAR
DO Oeffnen                              && Programmtreiber: Drei Prozeduren
DO Lesen                                && durch Aufruf "antreiben"
DO Schliess
? 'Programmende Prog0Int.'
RETURN


PROCEDURE Oeffnen                       && Erste Prozedur Oeffnen
USE Kunden1
RETURN


PROCEDURE Lesen                         && Zweite Prozedur Lesen
DISPLAY NEXT 4
RETURN


PROCEDURE Schliess                      && Dritte Prozedur Schliess
USE
RETURN
```

Vereinbarung von Prozeduren mit PROCEDURE – RETURN:
- Eine Prozedur ist eine Anweisungsfolge, deren Anweisungen zwischen PROCEDURE und RETURN geschrieben werden.
- Die Anzahl der Prozeduren wird durch die Größe des RAM begrenzt (dBASE IV erlaubt 1170 Prozeduren).
- Prozedurnamen sind maximal 8 Zeichen lang und sollen vom Namen des rufenden Programms abweichen.

Prozedurenliste in Objektcode bzw. DBO-Datei:
Das dBASE-System verwaltet eine *Prozedurenliste*, die am Anfang der DBO-Datei (Objektcode) abgelegt wird. In dieser Liste wird auch das rufende Hauptprogramm selbst als Prozedur angeführt, und zwar an erster Stelle als erster Name. Zur Übersetzungszeit werden somit vier Namen in die Prozedurenliste der Datei Prog0Int.DBO eingetragen:

```
Prog0Int, Oeffnen, Lesen, Schliess
```

Auch aus diesem Grunde müssen die Anweisungen des Hauptprogramms (bis zum ersten RETURN) stets *am Anfang* des Quelltextes niedergeschrieben werden. Im folgenden wird dazu ein Beispiel gegeben:
- Vereinbarung PROCEDURE Oeffnen ab Zeile 4 angegeben.
- CLEAR-Anweisung in Zeile 8.
- Beim Übersetzen gibt das System jetzt die Meldung "Warnung ..." aus, da Oeffnen als Hauptprogramm (gemäß Prozedurenliste) angesehen wird und die Ausführung mit dem ersten RETURN wieder an die "."-Ebene zurückgegeben wird.

```
* ====== Programm Prog0Int.PRG
* zur Demonstration geändert

PROCEDURE Oeffnen                    && Fehlerhaft, da an 1. Stelle
USE Kunden1
RETURN


CLEAR                                && Anweisung wird nie ausgeführt!
...
```

```
. DO Prog0int
Kompilieren der Zeile:        8
DO Oeffnen
Warnung in Zeile 8: Befehl wird nie angesprochen

- - - -
```

Reihenfolge für die DO-Anweisung zum Suchen der Datei: Mit der Anweisung (allgemeines Format)

```
DO Programmname/Prozedurname [WITH Parameterliste]
```

wird nach der genannten Anweisungsfolge gesucht und diese ausgeführt. Falls erforderlich, wird die Anweisungsfolge zuerst übersetzt und als DBO-Datei (Objektcode) zusätzlich zur PRG-Datei (Quelltext) im aktiven Laufwerk gespeichert. Bei der Suche nach der genannten Datei geht DO in der folgenden 6-Schritte-Reihenfolge vor:

1. In der aktiven DBO-Datei nach der Prozedur suchen und diese ausführen
2. In einer mit SET PROCEDURE TO zugeordneten Prozedurdatei suchen
3. In anderen, derzeit geöffneten DBO-Dateien suchen
4. Nach einer gleichnamigen DBO-Datei suchen und diese öffnen
5. Nach einer gleichnamigen PRG-Datei suchen und diese übersetzen
6. Nach eine gleichnamigen SQL-Datei suchen und diese übersetzen

Reihenfolge, in der DO Prozedurname nach einer Prozedur sucht

1.3.1.3 Extern gespeicherte Programme aufrufen

Die drei Programme Prog0Ext.PRG, Oeffnen.PRG und Lesen.PRG werden auf Diskette als autonome Einheiten gespeichert. Jedes Programm könnte jedes Programm aufrufen. Prog0Ext.PRG ist insofern übergeordnet, als es die beiden anderen Programme als Unterprogramme mittels DO Oeffnen und DO Lesen aufruft.
   - Mit dem Aufruf von DO Oeffnen wird das Programm Oeffnen.PRG von Diskette in den RAM geladen. Dieser Kopiervorgang kann (bei umfangreichen Programm) viel Zeit beanspruchen.
   - Die Prozedurenliste von Prog0Ext.PRG enthält nur einen Namen, nämlich Prog0Ext (vgl. Abschnitt 3.3.1.2). Wäre eine Prozedur namens Oeffnen (in der Prozedurenliste von Prog0Ext) vorhanden, so würde diese Prozedur anstelle der autonomen gleichnamigen Programms ausgeführt.
   - Es werden keine Variablen übergeben (PARAMETERS, vgl. dazu Abschnitt 3.3.2).

- Wie das Ausführungsbeispiel zeigt, werden nacheinander das Hauptprogramm und die drei gerufenen Programme kompiliert.

```
* ====== Programm ProgOExt.PRG
* Programm mit drei programmextern gespeicherten Unterprogrammen
CLEAR
DO Oeffnen                      && Oeffnen im aktiven Laufwerk suchen und starten
DO Lesen
DO Schliess
? 'Programmende ProgOExt.'
RETURN


* ====== Programm Oeffnen
* Gerufen von: ProgOExt.PRG
USE Kunden1
RETURN


* ====== Programm Lesen
* Gerufen von: ProgOExt.PRG
DISPLAY NEXT 4
RETURN


* ====== Programm Schliess
* Gerufen von: ProgOExt.PRG
USE
RETURN
```

```
. DO ProgOExt
Kompilieren der Zeile:     8
Kompilieren der Zeile:     4
Kompilieren der Zeile:     4
Kompilieren der Zeile:     4
Datensatz#    NUMMER    NAME              UMSATZ
        1        101    Frei             6500,00
        2        104    Maucher           295,60
        3        109    Hildebrandt      4990,05
        4        110    Amann            1018,75
Programmende ProgOExt.
```

1.3.1.4 Extern gespeicherte Prozedurdatei aufrufen

Das Laden von autonom gespeicherten Unterprogrammen erfordert viel Zeit (vgl. Abschnitt 3.3.1.3). Aus diesem Grunde faßt man Unterprogramme in einer Prozedurdatei zusammen, die zu Beginn der Programmausführung einmalig in den RAM geladen wird und dort ständig präsent ist.

- In einer Prozedurdatei werden (theoretisch bis zu 1170) Prozeduren zusammengefaßt und als PRG-Datei bzw. DBO-Datei gespeichert.
- Mit der SET PROCEDURE-Anweisung

```
SET PROCEDURE TO Prozedurdateiname
```

wird eine Prozedurdatei mit allen darin abgelegten Prozeduren in den RAM kopiert. Die einzelnen Prozeduren sind jeweils durch PROCEDURE - RETURN markiert.
- Ein Anwendungsprogramm kann mit den Prozeduren aus unterschiedlichen Prozedurdateien arbeiten. Zu einem bestimmten Zeitpunkt kann jedoch nur ein SET PROCEDURE wirksam sein.
- Zum Schließen der Prozedurdatei hat man zwei identische Möglichkeiten:

```
SET PROCEDURE TO          oder          CLOSE PROCEDURE
```

Beispielprogramm Prog0Pro.PRG mit Prozedurdatei ProzDat.PRG:
- Oeffnen, Lesen und Schliess sind in einer Prozedurdatei namens ProzDat.PRG abgelegt.
- SET PROCEDURE TO ProzDat lädt die Prozedurdatei in den RAM. Die Datei verbleibt dort, bis sie mit CLOSE PROCEDURE oder SET PROCEDURE TO wieder geschlossen wird.
- Beim Aufrufen einer Prozedur muß diese nicht mehr von Diskette geladen, sondern nur noch gestartet werden.

```
* ====== Programm Prog0Pro.PRG
* Programm, das die Unterprogramme von Prozedurdatei ProzDat.PRG aufruft
SET PROCEDURE TO ProzDat.PRG
CLEAR
DO Oeffnen                      && Prozedur Oeffnen in Prozedurdatei
DO Lesen                        && ProzDat.PRG im RAM suchen
DO Schliess
SET PROCEDURE TO
? 'Programmende Prog0Pro.'
RETURN
```

dBASE-Quelltext zur Prozedurdatei ProzDat.PRG:

```
* ====== Prozedurdatei ProzDat.PRG
* Sammlung von Unterprogrammen, die von Prog0Pro.PRG gerufen werden

PROCEDURE Oeffnen
ACCEPT 'Welche Datei öffnen? ' TO Dateiname
USE (Dateiname)
RETURN
```

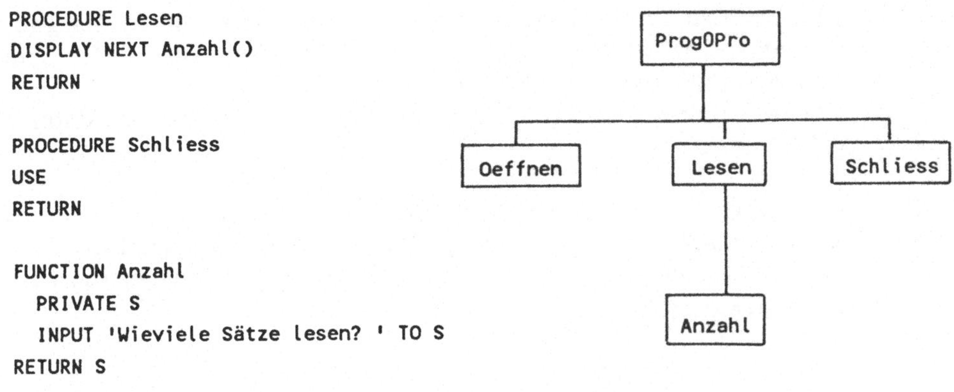

```
PROCEDURE Lesen
DISPLAY NEXT Anzahl()
RETURN


PROCEDURE Schliess
USE
RETURN


FUNCTION Anzahl
  PRIVATE S
  INPUT 'Wieviele Sätze lesen? ' TO S
RETURN S
```

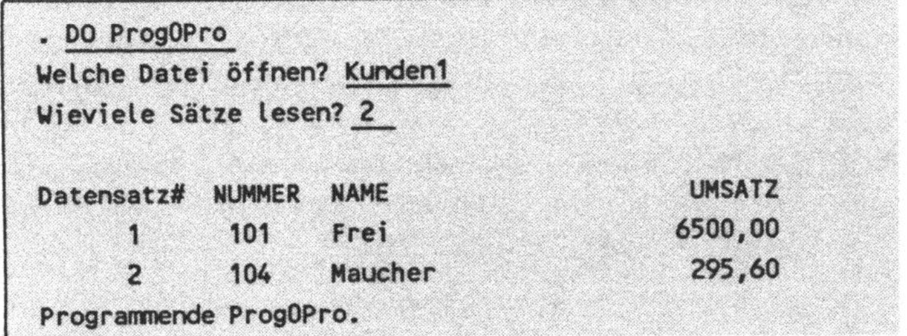

Zum Gültigkeitsbereich von Variablen: Auf diese Frage wird im nächsten Abschnitt 3.3.2 genauer eingegangen. Es gilt auch bei Unterprogrammen das dBASE-Prinzip *"Variablen werden als PRIVATE bzw. lokal zum jeweiligen Programm"* voreingestellt".

- Die Variable Dateiname ist im rufenden Hauptprogramm nicht bekannt, sondern nur in Prozedur Oeffnen. Anders wäre es, wenn zu Beginn des Hauptprogramms PUBLIC Dateiname oder eine Wertzuweisung an Dateiname angegeben wird.
- Die Variable S ist nur in der Funktion Anzahl bekannt. Da PRIVATE S angegeben ist, würde auch ein Befehl PUBLIC S bzw. S=2 im Hauptprogramm nichts daran ändern.

Schachtelung von Programmen:
Programme lassen sich in mehreren Ebenen schachteln. Der Strukturbaum zu Programm Prog0Pro.PRG zeigt, daß hier vier Programmebenen vorliegen:
1. Ebene: dBASE mit Prompt "." und Programmaufruf DO Prog0Pro.
2. Ebene: Programm Prog0Pro mit drei Unterprogrammaufrufen DO Oeffnen, DO Lesen und DO Schliess.

3. Ebene: Prozeduren Oeffnen, Lesen und Schliess, die in der Prozedurdatei ProzDat.PRG abgelegt sind. Über den Aufruf der Funktion Anzahl() gelangt man in die

4. Ebene: Funktion Anzahl(), die ebenfalls in der Prozedurdatei abgelegt ist.

Mit dem Aufruf eines Unterprogramms (über *DO Prozedurname* oder über *Funktionsname(Parameterliste)*) gelangt man in die nächste Ebene, und mit dem nächsten RETURN wird die Kontrolle wieder an die rufende Ebene zurückgegeben.

Prozedurdatei vom dBASE-Prompt aus direkt aktivieren: Oben wurde die Prozedurdatei ProzDat.PRG vom Programm Prog0Pro.PRG aus geöffnet. Natürlich kann man die Prozedurdatei auch direkt vom "." aus öffnen:

```
. SET PROCEDURE TO ProzDat        && Prozedurdatei öffnen
. DO Oeffnen                      && Prozedur Oeffnen ausführen
  Wieviele ...
```

1.3.2   Globale und lokale Variablen

1.3.2.1 Vier Regeln zur Lokalisierung von Variablen

Vier Regeln kennzeichnen die Gültigkeit von Variablen als lokale und globale Variablen:
1. Lokal-Regel als Voreinstellung von dBASE
2. Global-Regel mittels Wertzuweisung
3. Verstecken-Regel mittels PRIVATE
4. Veröffentlichen-Regel mittels PUBLIC

Lokal-Regel als erste Regel:

> *Eine lokale Variable ist nur in dem Programm gültig, in dem ihr zum ersten Mal ein Wert zugewiesen worden ist, sowie in den aufgerufenen bzw. untergeordneten Programmen.*

Verläßt man das Programm in ein übergeordnetes Programm bzw. in eine übergeordnete Ebene, existiert die Variable nicht mehr.

Programm Prog1 von der "."-Ebene aufrufen: Die Speichervariable mNummer ist nur innerhalb des Programms Prog1 bekannt. Verläßt man die Ebene von Prog1 mit RETURN zur übergeordneten "."-Ebene, dann ist mNummer nicht mehr verfügbar.

```
* ====== Programm Prog1
* mNummer als lokale Variable
mNummer = 4
? 'Wert:' ,mNummer
? 'Ende von Prog1.'
RETURN
```

```
. DO Prog1
Wert: 4
Ende von Prog1.
. ? mNummer
"Variable nicht gefunden."
.
```

Global-Regel als zweite Regel:

> *Eine globale Variable ist überall bekannt, d.h. sie wird beim Verlassen einer Programms zur übergeordneten Ebene nicht gelöscht.*

Man kann eine Variable dadurch als global vereinbaren, daß man ihr in der obersten Ebene (z.B. in der "."-Ebene) einen Anfangswert zuweist. Im folgenden Beispiel ist mNummer global bekannt:

```
* ====== Programm Prog1              . mNummer = 0
* mNummer als lokale Variable        . DO Prog1
mNummer = 4                          Wert: 4
? 'Wert:' ,mNummer                   Ende von Prog1.
? 'Ende von Prog1.'                  . ? mNummer
RETURN                                 4

                                     .
```

Programm Prog1 von der Prog2-Ebene aufrufen: Die Speichervariable
mNummer wird in der Ebene von Programm Prog2 mit 666 belegt. Da
das Programm Prog1 das Programm Prog2 aufruft, ist mNummer auch im
untergeordneten Programm Prog2 bekannt.
- In der Ebene von Programm Prog1 ist mNummer als globale Variable verfügbar. Man sagt: "mNummer ist global in Bezug auf
  Programm Prog1."
- In der Ebene von Prog2 ist mNummer als lokale Variable verfügbar. Man sagt: "mNummer ist lokal in Bezug auf programm Prog2."
- In der Ebene von "." ist mNummer nicht verfügbar.

```
* ====== Programm Prog2              . DO Prog2
* mNummer als lokale Variable        666
mNummer = 666                        Wert: 4
? mNummer                            Ende von Prog1.
DO Prog1                             5
? mNummer                            Ende von Prog2.
? 'Ende von Prog2.'                  . ? mNummer
RETURN                               "Variable nicht gefunden."

                                     .
```

Verstecken-Regel mittels PRIVATE als dritte Regel:

> *Eine Variable versteckt eine übergeordnete Variable mit dem*
> *gleichen Namen, wenn sie zuvor durch eine PRIVATE-Anweisung*
> *als lokal vereinbart worden ist.*

- In der Ebene von Program Priv7 werden 888 und 15 als Werte von
  mA und mB ausgegeben.
- Unterprogramm Priv7UPa wird aufgerufen. Mit PRIVATE mB
  wird eine *zweite Variable namens mB* lokal vereinbart; dieses mB
  erhält den Wert 300000 zugewiesen.
- Am Bildschirm werden 8888 (Inhalt der globalen Variablen mA)
  und 300000 (Inhelt der lokalen Variablen mB) angezeigt.
- Mit RETURN wird Programm Priv7UPa verlassen und das lokale

mB mit 300000 gelöscht. Nach der Rückkehr zur übergeordneten
Ebene von Programm Priv7 ist wieder die durch die Verstecken-
Regel zeitweilig verborgene Variable mB mit dem Wert 15 verfügbar.
- Am Bildschirm werden 8888 für mA und 15 für mB ausgegeben.
- Das Unterprogramm Priv7UPb wird aufgerufen. Da mB nicht lokalisiert ist (keine PRIVATE-Anweisung), wird der Wert der globalen Variablen mB um 300000 erhöht. Es werden 8888 und
  300015 ausgegeben.
- Nach dem Verlassen von Programm Priv7UPb werden für mA und
  mB erneut 8888 und 300015 ausgegeben.
- Nach dem Verlassen von Programm Priv7 werden mA und mB gelöscht. In der übergeordneten "."-Ebene sind die Variablen nicht
  mehr bekannt.

```
* ====== Programm Priv7                          * ====== Programm Priv7UPa
* PRIVATE-Befehl verhindert Seiteneffekte        * Gerufen von: Priv7
mA = 8888                                         * mB lokal beschreiben
mB = 15                                           PRIVATE mB
? mA,mB                                           * mB = mB + 300000 wäre falsch
DO Priv7UPa        && mB als PRIVATE-Variable     mB = 300000
? mA,mB                                           ? mA, mB
DO Priv7UPb        && mB als PUBLIC-Variable      RETURN
? mA,mB
? 'Ende von Programm Priv7.'
RETURN
```

```
* ====== Programm Priv7UPb
* Gerufen von: Priv7
* mB global lesen und beschreiben
mB = mB + 300000
? mA, mB
RETURN
```

```
. DO Priv7
  8888              15
  8888          300000
  8888              15
  8888          300015
  8888          300015
  Ende von Programm Priv7.
. ? mA,mB
  "Variable nicht gefunden."
.
```

Seiteneffekte vermeiden durch PRIVATE:
- *Unterprogramm Priv7UPb mit Seiteneffekt:* Angenommen, in mB
  ist die Nummer des derzeit aktiven Datensatzes gespeichert; mit
  mB=15 ist also der 15. Datensatz aktiv. Nun wird über das Unterprogramm Priv7UPb der Inhalt von mB um 300000 erhöht. Nach
  der Rückkehr ins rufende Programm Priv7 wird jetzt mit 300015
  eine falsche Datensatznummer ausgewiesen; es kommt zu einem
  Fehler. Man sagt: Über das Unterprogramm Priv7UPb erfolgt un-

beabsichtigt ein **Seiteneffekt** auf das Programm Priv7 bzw. dessen Variable mB.

- *Unterprogramm Priv7UPa ohne Seiteneffekt:* Mittels PRIVATE mB wird zusätzlich eine lokale Variable mB eingerichtet, die während der Zeit der Ausführung von Priv7UPa die gleichnamige globale Variable mB versteckt bzw. verbirgt (mB mit Wert 15 als "hidden variable" bzw. verborgene Variable). In der Unterprogrammebene ist mB=300000 bekannt; mB=15 ist versteckt und wird erst nach der Rückkehr ins rufende Programm Priv7 wieder "hervorgeholt".

Veröffentlichen-Regel mittels PUBLIC als vierte Regel:

> *Eine mit der PUBLIC-Anweisung öffentlich bzw. allgemein bekannt gemachte Variable bleibt in allen Ebenen bekannt, d.h. sie wird von keinem Programm beim Verlassen gelöscht.*

Weist man einer Variablen in der höchsten Ebene einen Anfangswert zu, dann entspricht dies der entsprechenden PUBLIC-Anweisung:

```
Wertzuweisung in höchster Ebene:              PUBLIC-Anweisung:
        mNummer = 0                              PUBLIC mNummer
```

Aus diesem Grunde kann man auf die PUBLIC-Anweisung auch verzichten.

1.3.2.2 Eingabeparameter als lokale Variablen

Drei Formen des Aufrufs von Unterprogramm Lokal7UP als Beispiel:

- *Unterprogrammaufruf DO Lokal7UP WITH mA,mB:* Am Bildschirm erscheinen die Werte 4 und 6 zweimal untereinander. Die verdoppelten Werte wurden von A und B an mA und mB zurückübergeben.
- *Unterprogrammaufruf DO Lokal7UP WITH 5,11:* Am Bildschirm erscheinen 10 und 22 und darunter 2 und 3. Da Konstante angegeben wurden, muß dBASE als in einer Richtung als Eingabeparameter übergeben.
- *Unterprogrammaufruf DO Lokal7UP WITH mA,(mB):* Am Bildschirm erscheinen die Werte 4 und 6 und darunter 4 und 3. Da mB eingeklammert wird, nimmt dBASE keine Ausgabe des verdoppelten Wertes vor.

```
Quelltext zum Unterprogramm:      Quelltext zum rufenden Programm:   Ausführung:


* ====== Unterprogramm Lokal7UP    * ====== Hauptprogramm Lokal7      DO Lokal7
PARAMETERS A,B                    mA = 2                            4  6
A = A * 2                         mB = 3                            4  6
B = B * 2                         DO Lokal7UP WITH mA,mB
? A,B                             ? mA,mB
RETURN                            RETURN
```

Formale Parameter behandelt dBASE als lokale Variablen:
- Lokale Variablen sind nur im jeweiligen Programm und in allen
  *unter*geordneten Programmen bekannt. Verläßt man das Programm
  in eine übergeordnete Programmebene, werden die lokalen Variablen gelöscht. Lokale Variablen werden mit der PRIVATE-Anweisung vereinbart.
- Formale Parameter vereinbart man mit PARAMETERS. Sie werden von dBASE wie lokale Variablen behandelt, die mittels PRI-
  VATE explizit lokalisiert worden sind.

```
Quelltext zum Unterprogramm:      Quelltext zum rufenden Programm:   Ausführung:


* ====== Unterprogramm Lokal7UP    * ====== Hauptprogramm Lokal7      DO Lokal7
PARAMETERS A,B                    mA = 2                            4  6
A = A * 2                         mB = 3                            4  3
B = B * 2                         DO Lokal7 WITH mA,(mB)
? A,B                             ? mA,mB
RETURN                            ? A,B
                                  RETURN
```

1.3.2.3 Ein-/Ausgabeparameter als globale Variablen

```
* ====== Programm Glob7                                  . do glob7
* Ein-/Ausgabeparameter als PUBLIC-Variable                  66      1111
* bzw. als globale Variable behandelt                         0
mA = 66                                                      66         0
mB = 1111
? mA,mB
DO Glob7UP WITH mB       * ====== Unterprogramm Glob7UP
? mA,mB                  * Gerufen von: Glob7
RETURN                   PARAMETERS mA
                         mA = 0
                         ? mA
                         RETURN
```

1.3.3   UDFs als benutzerdefinierte Funktionen

Ein Programm ist eine Folge von Anweisungen bzw. Befehlen. Ab dBASE
IV kann man ein Programm als autonomes Programm oder aber mittels
PROCEDURE bzw. FUNCTION niederschreiben.
- **Prozedur als Unterprogramm:** Anweisungsfolge zwischen PROCE-
  DURE - RETURN schreiben und mit *DO Prozedurname* aufrufen.
- **Funktion als Unterprogramm:** Anweisungsfolge zwischen FUNC-
  TION - RETURN schreiben und mit *Funktionsname ([Parame-
  ter])* aufrufen.

1.3.3.1 Funktionen vereinbaren und aufrufen

UDF für "User Defined Functions": Eine Funktion wird wie ein Programm oder eine Prozedur über den Editor eingegeben, um den Quelltext
als PRG-Datei und den "vorübersetzten" Objektcode später als DBO-Datei
zu speichern. Von der Prozedur unterscheidet sich die Funktion wie folgt:
- *Vereinbarung der Funktion:* Die Anweisungen werden zwischen
  FUNCTION und RETURN geschrieben. Dabei können die unten
  zusammengefaßten (zumeist bildschirmorientierten) Anweisungen
  und der &-Operator nicht verwendet werden.
- *Wert-Eingabe bei Aufruf der Funktion:* Eine Funktion wird mit ihrem Namen "wie eine Variable" aufgerufen; dabei können Eingabeparameter in Klammern angegeben werden. Mit "wie eine Variable" wird angedeutet, daß der Funktionsname rechts vom Zu-
  weisungsoperator = oder innerhalb eines Rechen-, String- bzw.
  Vergleichsausdrucks stehen kann, nicht jedoch (wie eine Prozedur)
  isoliert in einer Zeile.
- *Wert-Rückgabe bei Beenden der Funktion:* Jede Funktion gibt *ge-
  nau einen* Wert als Funktionswert an die rufende Ebene zurück.
  Dieser Wert muß vor dem Beenden der Funktion neben RETURN
  angegeben werden.

Eine benutzerdefinierte Funktion (UDF) wird somit entsprechend wie eine vordefinierte Funktion aufgerufen.

Anweisungen bzw. Befehle:
APPEND FROM/FROM ARRAY/MEMO, ASSIST, BEGIN-END TRANSACTION, BROW-
SE, CANCEL, CHANGE, CLOSE ALTERNATE/FORMAT/PROCEDURE, COMPILE, CON-
VERT, COPY FILE/INDEXES/MEMO/STRUCTURE/TAG/TO ARRAY, CREATE FROM-
/VIEW/ APPLICATION/LABEL/QUERY/VIEW/REPORT/SCREEN, DEBUG, DEFINE
BAR/BOX/MENU/PAD/POPUP/WINDOW/TAG, DELETE FILE, DIR, EDIT, ERASE,

EXPORT, HELP, IMPORT, INDEX, INSERT, JOIN, LABEL FORM, LOAD, LOGOUT, MO-
DIFY COMMAND/FILE/STRUCTURE, MOVE WINDOW, ON ERROR/ESCAPE/KEY-
/PAD/PAGE/READERROR/SELECTION, PACK, PROTJOB, PROTECT, QUIT, REIN-
DEX, REPORT FORM, RESTORE MACROS/WINDOW, SET, SORT, SUSPEND, TOTAL,
TYPE, UPDATE, ZAP und Makro-Operator &

SET-Einstellungen:
CATALOG, DEBUG, DEVICE, FIELDS, FORMAT, PROCEDURE, RELATION, SKIP, SQL,
STEP, TRAP, VIEW und WINDOW

In benutzerdefinierten Funktionen nicht verwendbare Sprachmittel

Funktion DOPPEL() zum Verdoppeln einer Zahl: UDFs schreibt man,
wenn die vordefinierten Funktionen den eigenen Anforderungen nicht
genügen. Dazu ein extrem vereinfachtes Beispiel: Wenn man eine Zahl öf-
ters verdoppeln muß, schreibt man eine Funktion namens Doppel, die
man mit Doppel(1), Doppel(2000), ... aufruft, um die Zahlen 1, 2000, ...
zu verdoppeln. Die Funktion ist wie folgt zu vereinbaren und aufzurufen:

Vereinbarung einer Funktion mit FUNCTION-RETURN:

```
FUNCTION Funktionsname              FUNCTION Doppel
   [PARAMETERS Parameterliste]      PARAMETERS A
   [PRIVATE Variablenliste]         PRIVATE B
   Anweisung 1                      ? 'Wert von A verdoppeln'
   Anweisung 2                      ? 'und in B ablegen'
   ...                              B = 2 * A
   RETURN Funktionswert             RETURN B
```

Aufruf einer Funktion mit ihrem Namen:
```
... Functionsname([Parameterliste])
```
```
? 'Verdoppelt: ',Doppel(100)
ZZZ = Doppel(2000)
E = 1
IF Doppel(E) > 0 ...
```

Vereinbarung und Aufruf einer benutzerdefinierten Funktion

1.3.3.2 Funktionen mit Eingabeparameter

Im folgenden Programm Func1 werden sechs Funktionen FF1 bis FF6
vereinbart und aufgerufen.
- Die Funktionen dienen alle dem gleichen Zweck: Ein DM-Betrag
  wird eingegeben und der zugehörige Betrag in Französischen

Francs (FF) ermittelt und zurückgegeben; dabei wird ein Kurs von 3.20 FF/DM angenommen.

- Die Funktionen FF1 bis FF6 unterscheiden sich in Form der Eingabe (der DM) und in der Form der Ausgabe bzw. Rückgabe (der FF).

dBASE-Programm Func1 mit Anweisungsteil und Vereinbarungsteil:

```
* ====== Programm Func1
* User-definierte Funktionen (UDFs) vereinbaren und aufrufen

* Hauptprogramm bzw. Programmtreiber mit den Funktionsaufrufen
SET TALK OFF
CLEAR
INPUT 'FF1: Wieviel DM? ' TO DM
? 'Sie erhalten in FF: ',FF1()              && Funktion FF1 ohne Eingabeparameter
DM = 3
? '3 DM ergibt in FF: ',FF1()

INPUT 'FF2: Wieviel DM? ' TO DM
? '... ergibt in FF: ',FF2(DM)             && Funktion FF2 mit Eingabeparameter
? '3 DM ergibt in FF: ',FF2(3)             && (Variable DM bzw. Konstante 3)

? 'Beispiele zum Funktionsaufruf:'
? 'Für 4 DM: ' +  STR(FF2(3+1),2)          && Funktionsergebnis in Ausdruck
Ergebnis = FF2(DM*10)                      && Funktionsergebnis in Wertzuweisung
? 'Inhalt von Ergebnis: ',Ergebnis
IF FF2(DM) > 5                             && Ergebnis in Vergleichsausdruck
   ? ' Sie erhalten mehr als 5 FF.'
ENDIF
? FF2(FF2(1000))

INPUT 'FF3: Eingabe in DM? ' TO Geld       && Parameterlose Funktion FF3
? FF3(), Geld

INPUT 'FF4: Eingabe in DM? ' TO Geld       && In FF4: Geld als Eingabeparameter
? FF4(Geld), Geld                          && sowie Funktionswert gleichnamig

INPUT 'FF5: Eingabe in DM? ' TO Geld       && In FF5: Geld als Eingabeparameter
? FF5(Geld), Geld, && Francs               Francs ist nicht bekannt, da lokal

INPUT 'FF6: Eingabe in DM? ' TO Geld       && In FF6: Geld als aktueller und G
? FF6(Geld), Geld, && Francs, G            && als formaler Eingabeparameter
? 'Ende von Demonstrationsprogramm Func1.'
RETURN
```

```
* Vereinbarung der sechs Funktionen FF1 bis FF6
FUNCTION FF1                        && DM als globale Variable
   FF = DM * 3.20
RETURN FF                           && FF als Funktionsergebnis


FUNCTION FF2                        && DM als Eingabeparameter (formal wie aktuell)
   PARAMETERS DM
   FF = DM * 3.20
RETURN FF                           && FF als Funktionsergebnis


FUNCTION FF3                        && Geld als globale Variable verwendet
   Geld = Geld * 3.2
RETURN Geld


FUNCTION FF4
   PARAMETERS Geld                  && Negativ: Geld als formaler Eingabeparameter,
   Geld = Geld * 3.2                && als aktueller Eingabeparameter sowie als
RETURN Geld                         && Ausgabeparameter gleichnamig


FUNCTION FF5
   PARAMETERS Geld                  && Geld als formaler Parameter in Funktion
   Francs = Geld * 3.2              && wie auch als aktueller Parameter beim
RETURN Francs                       && Funktionsaufruf


FUNCTION FF6
   Parameters G                     && G als formaler Parameter
   Francs = G * 3.2
RETURN Francs
```

Ausführung zu Programm Func1 mit Aufruf von sechs Funktionen:

```
. DO Func1
FF1: Wieviel DM? 2                       && Funktion FF1 aufrufen
Sie erhalten in FF:        6,40
3 DM ergibt in FF:         9,60
FF2: Wieviel DM? 2                       && FF2 aufrufen
... ergibt in FF:          6,40
3 DM ergibt in FF:         9,60
Beispiele zum Funktionsaufruf:
Für 4 DM:    12.80
Inhalt von Ergebnis:       64
 Sie erhalten mehr als 5 FF.
```

```
     10240                          && Zuerst 3200, dann 10240
FF3: Eingabe in DM? 2_             && FF3 aufrufen
        6,40         6,40
FF4: Eingabe in DM? 2_             && FF4 aufrufen
        6,40         6,40
FF5: Eingabe in DM? 2_             && FF5 aufrufen
        6,40         2
FF6: Eingabe in DM? 2_             && FF6 aufrufen
        6,40         2
Ende von Demonstrationsprogramm Func1.
```

Parameterlose Funktion FF1: Funktion, die den Wert von DM als globale
Variable entgegennimmt und den Wert von FF als Funktionsergebnis zu-
rückgibt. In rufenden Hauptprogramm Func1 ist FF nicht definiert.
dBASE ordnet der Variablen FF innerhalb der Funktion FF1 den Status
PRIVATE zu (Lokalisierung als dBASE-Default).

Funktion FF2 mit einem Parameter: DM dient als Eingabeparameter –
formal (innerhalb der Funktion hinter PARAMETERS genannt) wie auch
aktuell (beim Aufruf mit FF2(DM) genannt). Der Quelltext ist besser lesbar, wenn der aktuelle und formale Parameter anders benannt werden
(vgl. Funktion FF6). Über den eingeklammerten Parameter wird ein Wert
in die Funktion eingegeben (Eingabeparameter), nicht jedoch zurück-
bzw. ausgegeben. Aus diesem Grunde kann man z.B. mit FF2(3) auch einen konstanten Wert in Klammern setzen.

Funktion FF3 mit einer Variablen: Die parameterlose Funktion FF3
nimmt einen DM-Betrag über Geld als globale Variable entgegen, um in
Geld den Betrag in Francs als Funktionsergebnis zurückzugeben. Die
Übergabe des Funktionsergebnisses ist im Grunde überflüssig, da die globale Variable Geld den Funktionswert enthält. Die Funktion FF3 ist für
einen *Seiteneffekt* (vgl. auch Abschnitt 3.3.2) verantwortlich:

> Von einem *Seiteneffekt* spricht man dann, wenn sich im Haupt-
> programm plötzlich der Wert einer Variablen ändert (hier: Geld),
> und wenn dafür eine unkontrolliert (d.h. unter Umgehung der
> Parameterliste) vorgenommene Wertzuweisung im Unterprogramm
> (hier: Funktion FF3) verantwortlich ist.

Funktion FF4: Hier wird zwar ein Parameter übergeben, jedoch namens
Geld. Wer glaubt, daß nun mit dieser Parametrisierung eine Lokalisierung
verbunden ist, der irrt: Wie die Ausführung zu Programm Func1 zeigt,
wird Geld verändert (Seiteneffekt). Dies liegt daran, daß dBASE alle seine

Lokalisierungsbemühungen vergißt, sobald eine Variable (wie hier Geld) im übergeordneten Programm gleichnamig und somit global gültig verwendet wird. Auch die Ergänzung

```
PRIVATE Geld
```

in Funktion FF4 ändert nichts.

Funktion FF5: Geld wird als Parameter übergeben. Als Funktionsergebnis wird der Wert von Francs übergeben. Francs ist lokal nur innerhalb der Funktion bekannt.

Funktion FF6: Diese Funktion ist den Funktionen FF1 bis FF5 vorzuziehen. G ist als Parameter und Francs sind nur innerhalb der Funktion bekannt. Die Funktion übt keine Seiteneffekte aus; so wird der Versuch, im Hauptprogramm in Zeile 33 die Variable G zu lesen, vom System abgewiesen:

```
Variable nicht gefunden
? FF6(Geld), Geld, G , Francs
** Bei Zeile   33 in Datei func1.prg, Prozedur FUNC1
   von dB-Punkt
Abbrechen
```

Zur Sicherheit könnte man in der Funktion FF6 über die Anweisung

```
PRIVATE Francs
```

dafür sorgen, daß auch dann kein Seiteneffekt auftritt, wenn im rufenden Hauptprogramm Func1 mit einer Variablen namens Francs gearbeitet würde.

1.3.3.3 Aktuelle und formale Funktionsparameter

Das Programm Func2 ruft die Funktion FF7 zweimal auf, um die Währung DM in FF umzurechnen. Anhand dieses Programms kann die Parameterübergabe wie folgt erklärt werden:
- *Aktueller Parameter:* Dieser wird beim jeweiligen Funktionsaufruf angegeben: Zuerst der Parameter Deutsch über FF7(Deutsch) und dann der Parameter DDD über den Aufruf FF7(DDD).
- *Formaler Parameter:* Dieser wird im Rahmen der Funktionsvereinbarung über PARAMETERS festgelegt: Hier lautet der Parameter DM.
- *Der formale Parameter vertritt den jeweiligen aktuellen Parameter während der Ausführung der Funktion:* Der Wert von Deutsch bzw. DDD ist innerhalb der Funktion unter dem Namen DM verfügbar.

- *Lokale Variablen:* FF und FFjeDM sind über PRIVATE lokalisiert, damit es keine Seiteneffekte geben kann.
- *Beispiel zur Verstecken-Regel:* FF erhält als globale Variable im Hauptprogramm den Wert 99999. Während der Zeit der Auführung der Funktion ist unter FF ein anderer Wert verfügbar; die 99999 ist versteckt. Man spricht von FF als versteckter Variable bzw. "Hidden Variable" (siehe DISPLAY MEMORY-Bildschirm unten). In Abschnitt 3.3.2 wurde dazu die Verstecken-Regel dargestellt.
- Entfernt man die Zuweisung FF = 99999 aus dem Hauptprogramm Func2, dann könnte man auch die Lokalisierung PRIVATE FF in der Funktion FF7 weglassen; Grund: FF wird nun automatisch als lokal angesehen (PRIVATE ist für dBASE stets der Default); die Kontrollausgabe von FF ergäbe dann einen Fehler.

```
* ====== Programm Func2
* Funktion FF6: formaler Eingabeparameter DM; lokale Variablen FF und FFjeDM
SET TALK OFF
CLEAR


FF = 99999                          && Beginn des Haupt- bzw. Treiberprogramms
? 'Kontrollausgabe von FF: ',FF
INPUT 'DM? ' TO Deutsch
? 'Dafür gibt es ',FF7(Deutsch),' Francs.'           && 1. Funktionsaufruf
DDD = 2000
? DDD,' DM ergeben ',LTRIM(STR(FF7(DDD),10,2)),' Francs.' && 2. Funktionsaufruf
? 'Kontrollausgabe von FF: ',FF
? 'Programmende Func2.'
RETURN

FUNCTION FF7                        && Beginn der Funktionsvereinbarung
  PARAMETERS DM                         && Eingabeparameter
  PRIVATE FF, FFjeDM                     && Zwei lokalisierte Variablen
  FFjeDM = 3.20
  FF = DM * FFjeDM
RETURN FF                           && Wert von FF als Funktionswert zurück
```

```
. DO Func2
Kontrollausgabe von FF:        99999
DM? 7
Dafür gibt es            22,40  Francs.
      2000  DM ergeben 6400,00  Francs.
Kontrollausgabe von FF:        99999
Programmende Func2.
```

Speichervariablen von Func2.PRG mit DISPLAY MEMORY kontrollieren:
Die Ausführung läßt sich mit DISPLAY MEMORY gut verfolgen:
1) FF,FFjeDM, DM und Deutsch sind PRIVATE und nur innerhalb
   der Funktion FF7 bekannt. FF mit dem Wert 99999 ist versteckt.
   DM als formaler Parameter vertritt Deutsch als aktuellen Parameter während der Zeit der Ausführung der Funktion FF7.
2) DDD ist im Treiberprogramm definiert worden. Nun vertritt der
   formale Parameter DM den Wert von DDD als aktuellen Wert.
3) Nach Beendigung der Ausführung der Funktion FF7 sind die lokalen Variablen FF und FFjeDM sowie der Parameter DM nicht
   mehr verfügbar. In der rufenden Ebene sind nur DDD, Deutsch
   und FF (globales FF) bekannt.
4) Mit dem Beenden von Programm Func2 werden alle Speichervariablen gelöscht.

1) Benutzer-Speichervariablen vor RETURN des 1. Funktionsaufrufs FF7
über DISPLAY MEMORY:

```
FF            private N        22,40  (22,40000000000000000)    FF7 a func2.prg
FFJEDM        private N         3,20  (3,200000000000000000)    FF7 a func2.prg
DM            private a  DEUTSCH
DEUTSCH       private N            7  (7,000000000000000000)   FUNC2 a func2.prg
FF            hidden  N        99999  (99999,00000000000000)   FUNC2 a func2.prg

     5 von 500 Speichvar definiert (und 0 Array-Elemente)
```

2) Benutzer-Speichervariablen vor RETURN des 2. Funktionsaufrufs FF7
über DISPLAY MEMORY:

```
FF            private N        22,40  (22,40000000000000000)    FF7 a func2.prg
FFJEDM        private N         3,20  (3,200000000000000000)    FF7 a func2.prg
DM            private a  DDD
DDD           private N         2000  (2000,000000000000000)   FUNC2 a func2.prg
DEUTSCH       private N            7  (7,000000000000000000)   FUNC2 a func2.prg
FF            hidden  N        99999  (99999,00000000000000)   FUNC2 a func2.prg

    6 von 500 Speichvar definiert (und 0 Array-Elemente)
```

3) Benutzer-Speichervariablen vor RETURN des Hauptprogramms Func2
über DISPLAY MEMORY:

```
DDD           private N         2000  (2000,000000000000000)   FUNC2 a func2.prg
DEUTSCH       private N            7  (7,000000000000000000)   FUNC2 a func2.prg
FF            private N        99999  (99999,00000000000000)   FUNC2 a func2.prg

    3 von 500 Speichvar definiert (und 0 Array-Elemente)
```

4) Benutzer-Speichervariablen nach RETURN in Hauptprogramm Func2
über DISPLAY MEMORY:

```
    0 von 500 Speichvar definiert (und 0 Array-Elemente)
```

1.3.3.4 Funktionen mit mehreren Parametern

Maximum von zwei Zahlen feststellen (Programm Func3): In dBASE
kann man Funktionen mit mehr als einem Eingabeparameter schreiben. In
Programm Func3 wird eine Funktion Maxim mit zwei Parametern aufgerufen, um den größeren der beiden eingegebenen Werte festzustellen.
- Als aktuelle Parameter werden Zahl1 und Zahl2 bzw. 888 und 99
  übergeben.
- Während der Ausführung der Funktiom Maxim sind diese Werte
  über die formalen Parameter m1 und m2 verfügbar.

```
* ====== Programm Func3
* Eine Funktion mit zwei Parametern aufrufen
CLEAR
SET TALK OFF
INPUT 'Erste Zahl? ' TO Zahl1
INPUT 'Zweite Zahl? ' TO Zahl2
? 'Größte Zahl: ',Maxim(Zahl1,Zahl2)
? 'Maximum von 888 und 99 ist ',Maxim(888,99)
? 'Programmende Func3.'
RETURN


FUNCTION Maxim
  PARAMETERS m1,m2
  PRIVATE Max
  IF m1 > m2
    Max = m1
  ELSE
    Max = m2
  ENDIF
RETURN Max
```

```
. DO Func3
Erste Zahl? 11
Zweite Zahl? 22
Größte Zahl:          22
Maximum von 888 und 99 ist          888
Programmende Func3.
```

Aufgaben zu Abschnitt 1.3

1. Welchen Bildschirm erhält man bei Ausführung von Programm Main
mit s1='Klaus' und s2='Tilli'? Sind s1, s2 und s3 am Prompt bekannt?

```
* ====== Programm Main1              PROCEDURE Verkette
* Programm ruft Prozedur Verkette      ACCEPT 'String für s2? ' TO s2
SET TALK OFF                            s3 = s1 + s2
PUBLIC s2,s3                            ? 's1,s2,s3 in Verkette: ', s1,s2,s3
ACCEPT 'String für s1? ' TO s1          ? 'Ende von Prozedur Verkette.'
DO Verkette                          RETURN
? 's1,s2,s3 in Main1: ', s1,s2,s3
? 'Ende von Programm Main1.'
RETURN
```

2. Ausführung zu Programm Main2?   3. Ausführung zu Main3?

```
* ====== Programm Main2               * ====== Programm Main3
* Programm ruft Prozedur Addiere      * Programm ruft Proz Zeige und Ausgabe
DO Addiere WITH 99,2                  DO Zeige WITH 'zwanzig'
x1 = 5                               m1 = 20
DO Addiere WITH x1,6                  DO Zeige WITH m1
z3 = 7777                            ? 'Ende von Programm Main3.'
DO Addiere WITH x1,z3                 RETURN
? 'x1,z3 in Main2: ',x1,z3
? 'Ende von Programm Main2.'          PROCEDURE Zeige
RETURN                                  PARAMETERS t1
                                        ? 't1 in Zeige: ',t1
PROCEDURE Addiere                       DO Ausgabe WITH t1
   PARAMETERS z1,z2                      ? 'Ende von Prozedur Zeige.'
   PRIVATE z3                         RETURN
   z3 = z1 + z2
   ? 'z1,z2,z3 in Addiere: ', z1,z2,z3  PROCEDURE Ausgabe
   ? 'Ende von Prozedur Addiere.'        PARAMETERS u1
RETURN                                   ? 'u1 in Ausgabe: ',u1
                                         ? 'Ende von Prozedur Ausgabe.'
                                      RETURN
```

4. Schreiben Sie die Funktion JaNein, die von JN.PRG gerufen wird.

```
* ====== Programm JN
IF JaNein('Geht es Ihnen gut')
   @ 22,1 SAY 'Sehr schön.'
ELSE
   @ 22,1 SAY '... Sie meinen das nur.'
ENDIF
@ 23,1 SAY 'Ende von Programm JN.'
RETURN
```

```
Geht es Ihnen gut (j/n)? :n:
... Sie meinen das nur.
Ende von Programm JN.


Geht es Ihnen gut (j/n)? :j:
Sehr schön.
Ende von Programm JN.
```

1.4 Menüsteuerung mit Balken und Popups

Menü bzw. Menüprogramm:
Ob Artikel, Kunden, Meßwerte, Gehaltsempfänger, Rechnungen, Aufträge, Abonnenten, Kassenbeträge, Nachrichten, Bücher, Literaturquellen oder Vereinsmitglieder – bei der Verwaltung einer Datei fallen immer die gleichen Tätigkeiten an: In der Datei ist zu blättern, Datensätze sind zu ändern, auszudrucken, zu löschen und zu suchen bzw. neue Datensätze sind einzugeben. Man stellt dazu ein *Menü bzw. Menüprogramm* bereit, in dem die entsprechenden Tätigkeiten dem Benutzer zur Auswahl angeboten werden. Kennzeichen eines Menüprogramms:

1. Angebot eines Menüs mit Wahlmöglichkeiten über eine Schleife.
2. Aufruf von Unterprogrammen je nach Wahl des Benutzers.
3. Programmende über eine eigene Menüwahl.

Bislang wurden mehrfach Menüs programmiert:

Menü-Modell 1:
- Prinzip der Menüwahl über DO CASE-ENDCASE, Programm Lesen5, Abschnitt 1.2.4.3

Menü-Modell 2:
- Strukturgerüst mit automomen Programmen, Programm KundMen1, Abschnitt 1.2.5.2

Menü-Modell 3:
- Unterprogramme als Teile einer Prozedurdatei, Programm KundMen2, Abschnitt 1.2.5.3

Menüs mit Pads und Popups ab dBASE IV:
Ab dBASE IV stehen spezielle Anweisungen für Balken-Menüs (Lichtbalken, MENU mit PADs) und Rolladen-Menüs (Pull-down-Menüs, POPUP mit BARs) zur Verfügung. Die Grundlagen dieser Menütechnik werden in den folgenden Menü-Modellen erklärt:

- Menü-Modell 4 in Abschnitt 1.4.1: eine Menüebene mit PADs.
- Menü-Modell 5 in Abschnitt 1.4.2: Menü mit Untermenü aus PADs. Modell ausschließlich über Lichtbalkenmenüs gesteuert.
- Menü-Modell 6 in Abschnitt 1.4.3: Hauptmenü mit Balken und Untermenü mit Popups.
- Menü-Modell 7 in Abschnitt 1.4.4: Entsprechend Modell 6, aber mit Zusammenfassung der Menüdefinitionen.
- Menü-Modell 8: Komplette Kundenverwaltung entsprechend Modell 7, Aufgabe 1.4/1.

Beispieldatei Kun.DBF:
Die Menü-Modelle beziehen sich auf eine Kundendatei namens Kun.DBF,
die wie die Datei Kunden1.DBF (Abschnitt 1.1.1) aufgebaut ist und die
Datenfelder Nummer, Name und Umsatz aufweist:

```
. USE Kun
. LIST STRUCTURE
Datenbankstruktur      : B:Kun.DBF
Anzahl der Datensätze :        4
Letztes Änderungsdatum: 12.04.89
Feld   Feldname    Typ         Länge   Dez    Index
   1   NUMMER      Zeichen        4            J
   2   NAME        Zeichen       20            N
   3   UMSATZ      Numerisch      9      2     N
** Gesamt **                     34
. USE
```

1.4.1 Menü-Modell 4 mit einer Menü-Ebene

Bildschirm mit Menüleiste in Zeile 0: Das Programm Kun4 verwaltet das
Menü-Modell 4. Die Ausführung zu Programm Kun4 zeigt folgende Auf-
teilung des Bildschirms:
   - Obere Zeile 0: Waagrechte Menüleiste namens m mit 7 Lichtbalken
     bzw. Pads, die über ACTIVATE MENU m erzeugt wird. Beim
     Starten ist *Ändern* als erstes Pad hell unterlegt.
   - Untere Zeile 24: Meldungen anzeigen, die über die PADs durch
     MESSAGE automatisch angezeigt werden.
   - Dazwischen: Für Nutzdaten verfügbarer Bidlschirmbereich. Im
     Beispiel wird gerade der Hinweis *Neu erfassen ...* angezeigt, da das
     Pad *Neu* gewählt worden ist.

Menüsteuerung über Tasten:
   - *Mit Richtungstasten wählen:* Nach Rechts bzw. Links gehen, um
     einen Lichtbalken bzw. Pad auswählen: Das Pad erscheint hell bzw.
     farbig unterlegt.
   - *Mit Return-Taste das Pad aktivieren:* In Programm Kun4 verber-
     gen sich hinter den Pads (noch) keine Anweisungsfolgen bzw. Pro-
     gramme, sondern lediglich Texthinweise wie z.B. *Neu erfassen ....*
   - *Mit Esc-Taste zurückgehen:* Entweder vom Pad zum Menü oder
     vom Menü zur rufenden "."-Ebene, d.h. zur dBASE-Ebene, von
     der das Programm Kun4.PRG aufgerufen worden ist.

Ausführung zu Programm Kun4.PRG:

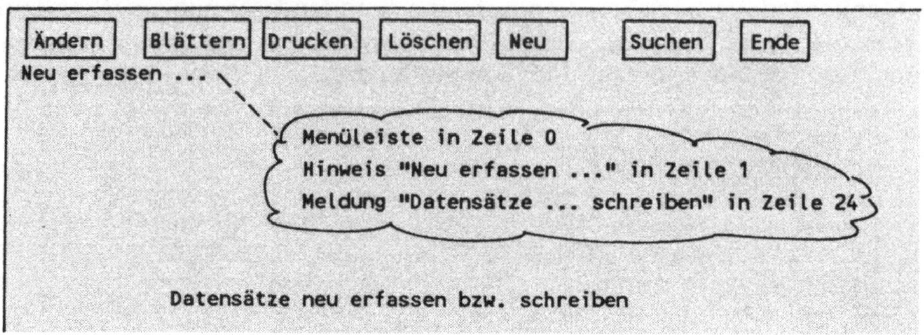

dBASE-Quelltext zu Programm Kun4:

```
* ====== Programm Kun4
* Menü-Modell 4: Waagrechte Menüleiste (MENU) mit Balken (PADs)

* Einstellungen vornehmen
CLEAR ALL
SET TALK OFF                        && Meldungen abschalten
SET STATUS OFF                      && Zeilen 22-24 freilassen
SET SCOREBOARD OFF                  && Obere Meldungszeile freilassen
*SET COLOR OF BOX TO GR             && Rahmen: braun (Werte je nach Bildschirm)
*SET COLOR OF FIELDS TO B/BG        && Felder: cyan
*SET COLOR OF HIGHLIGHT TO GR+/BG   && Menü,Name,Bericht,Cursor: gelb/Cyan
*SET COLOR OF INFORMATION TO B/W    && Texthinweise (z.B. Status): blau/weiß
*SET COLOR OF MESSAGES TO G+        && Meldungen: hellgrün
*SET COLOR OF NORMAL TO RG          && Normaltext (z.B. SAY): rot-grün
*SET COLOR OF TITLES TO RG+         && Überschriften: rot-hellgrün
CLEAR ALL

* Menüleiste (MENU) mit sieben Balkenmenüs (PADs) in Zeile 0 definieren
DEFINE MENU m
DEFINE PAD m1 OF m PROMPT 'Ändern' AT 0,0 MESSAGE 'Inhalt eines Datensatzes
ändern'
DEFINE PAD m2 OF m PROMPT 'Blättern' AT 0,10 MESSAGE 'Datei Satz für Satz
lesen'
DEFINE PAD m3 OF m PROMPT 'Drucken'AT 0,20 MESSAGE 'Dateiinhalt anzeigen oder
ausdrucken'
DEFINE PAD m4 OF m PROMPT 'Löschen' AT 0,30 MESSAGE 'Sätze aus der Datei
entfernen'
DEFINE PAD m5 OF m PROMPT 'Neu' AT 0,40 MESSAGE 'Datensätze neu erfassen bzw.
schreiben'
```

```
DEFINE PAD m6 OF m PROMPT 'Suchen' AT 0,50 MESSAGE 'Sätze direkt oder
sequentiell suchen'
DEFINE PAD m7 OF m PROMPT 'Ende' AT 0,60 MESSAGE 'Programm beenden'


* Den Menübalken (PADs) Aktivitäten (hier: Anweisungen) in Zeile 1 zuordnen
ON SELECTION PAD m1 OF m a 1,0 SAY 'Änderungsdienst ...' && Anstelle der Anwei-
ON SELECTION PAD m2 OF m a 1,0 SAY 'Blättern ...         ' && sungen sind später
ON SELECTION PAD m3 OF m LIST                             && Programmaufrufe mit
ON SELECTION PAD m4 OF m a 1,0 SAY 'Löschen ...          ' && DO ... einzusetzen.
ON SELECTION PAD m5 OF m a 1,0 SAY 'Neu erfassen ...     '
ON SELECTION PAD m6 OF m a 1,0 SAY 'Suchen ...           ' && Leerstellen über-
ON SELECTION PAD m7 OF m a 1,0 SAY 'Mit Esc zum "."      ' && schreiben Zeile 2.


* Schritt 4: Programmtreiber, also der eigentliche Anweisungsteil des Programms
CLEAR
USE Kun INDEX Kun
ACTIVATE MENU m                     && Menü m übernimmt Steuerung bis zu Eingabe von
Esc
USE
DEACTIVATE MENU
CLEAR
? 'Programmende Kun4.'
RETURN
```

Anweisungen zur Menüsteuerung über Programm Kun4:
DEFINE MENU m vereinbart ein Menü namens m als waagrechte Menüleiste, die aus mehreren Lichtbalken bzw. Pads besteht. Die Balken sind
dann mit der Anweisung DEFINE PAD zu vereinbaren. Allgemeine Form
von DEFINE MENU:

```
DEFINE MENU Menüname [MESSAGE 'Meldungstext']
```

DEFINE PAD m1 OF m PROMPT 'Blättern' AT 0,0 MESSAGE '...' deklariert nun das erste Pad namens m1 als ersten Balken des Menüs m. Mit
AT wird das Pad mit dem PROMPT-Hinweis an eine beliebige Stelle auf
dem Bildschirm positioniert (entsprechend @-SAY); mit MESSAGE kann
eine Meldung in Zeile 24 angezeigt werden. Allgemeines Format von DE-
FINE PAD:

```
DEFINE PAD Padname OF Menüname PROMPT 'Balkentext'
                    [AT Zeile,Spalte] [MESSAGE 'Meldungstext']
```

ON SELECTION PAD m1 OF m @ 1,0 SAY 'Änderungsdienst ...' legt
fest, daß durch das Aktivieren des Pads m1 von Menü m eine @-SAY-

Anweisung auszuführen ist. Durch die ON-Anweisung wird also einem Pad eine bestimmte Anweisung zugeordnet. Allgemeines Format:

```
ON SELECTION PAD Padname OF Menüname  Anweisung
```

Vier Möglichkeiten für Anweisung ON SELECTION PAD: An das Aktivieren eines Lichtbalkens bzw. Pads können vier verschiedene Aktionen geknüpft werden: Man kann direkt einen Befehl ausführen, wie z.B. LIST. Man kann ein Programm oder eine Prozedur aufrufen, um die darin gespeicherte Anweisungsfolge auszuführen; diese kann natürlich weitere Untermenüs enthalten (vgl. Menü-Modell 6 in Abschnitt 3.4.4.3). Oder man kann direkt ein Untermenü aufrufen (vgl. Menü-Modell 7 in Abschnitt 3.4.4.4).

1. Eine Anweisung wie z.B. LIST oder @-SAY-GET ausführen:
```
ON SELECTION PAD Padname OF Menüname LIST
```

2. Ein Programm wie z.B. Ausgabe1.PRG aufrufen:
```
ON SELECTION PAD Padname OF Menüname DO Ausgabe
```

3. Eine Prozedur wie z.B. Druck3 aufrufen:
```
ON SELECTION PAD Padname OF Menüname PROCEDURE Druck3
```

4. Ein weiteres Untermenü wie z.B. Popup p31 direkt aufrufen:
```
ON SELECTION PAD Padname OF Menüname ACTIVATE POPUP p6
```

Vier Möglichkeiten zum Aufrufen der Anweisung ON SELECTION PAD

Ein mit *ON SELECTION PAD Padname OF Menüname Anweisung* aktiviertes Pad wird beendet, sobald die angegebene *Anweisung* abgearbeitet worden ist.

1.4.2 Menü-Modell 5 mit zwei Menü-Ebenen (Pads)

Ausschließlich Lichtbalkenmenüs: Das Menü-Modell 5 zeigt, daß eine Anwendung ausschließlich über Lichtbalkenmenüs gesteuert werden kann, wenn man über ON SELECTION PAD-Anweisungen weitere Pads vereinbart bzw. aufruft.

Menü bzw. Untermenü aufrufen: Wie das Programm Kun5 zeigt, kann man die Schachtelung zweier Balkenmenüs m und p6 wie folgt vornehmen:

```
DEFINE MENU m                                      && ... in Programm Kun5.PRG
DEFINE PAD m6 OF m PROMPT 'Suchen' AT 0,50 ...     && m6 als 6. Pad von m
ON SELECTION PAD m6 OF m DO KunP6                  && Programmaufruf KunP6

...
ACTIVATE MENU m                                    && m übernimmt Steuerung


DEFINE MENU p6                                     && ... in Prozedur KunP6
DEFINE PAD p62 OF p6 PROMPT 'Nummer'AT 0,13        && p62 als 2. Pad von p6
ON SELECTION PAD p62 OF p6 DO KunP62               && Programmaufruf KunP62
ACTIVATE MENU p6


Anweisungen für die Menüwahl ausführen             && ... in Prozedur KunP62
```

Schachtelung der Balkenmenüs m und p6

Menü bzw. Untermenü beenden: Die Ausführung von Pad p62 wird beendet, sobald die RETURN-Anweisung von Prozedur KunP62 abgearbeitet wird. Die Steuerung wird nun wieder an den *Suchen*-Balken m6 überge-

Ausführung zu Programm Kun5:

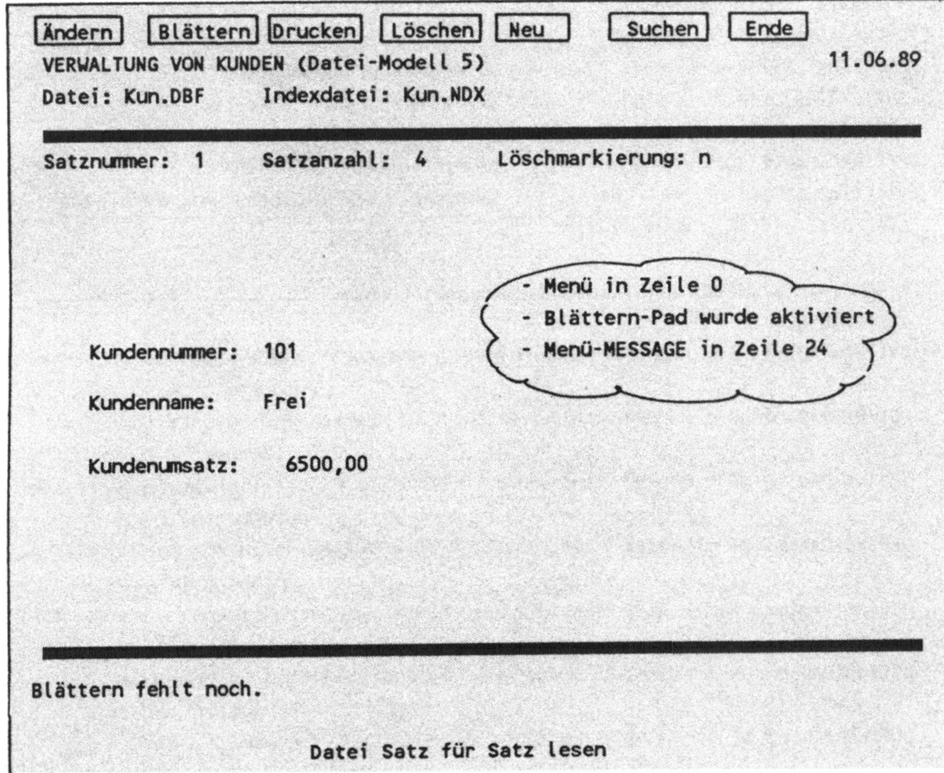

ben. Mit dem Einlesen der RETURN-Anweisung von Prozedur KunP6
(Esc-Taste drücken) wird wieder das Hauptmenü aktiviert. Nochmaliges
Esc würde das Programm Kun5 zum dBASE-Prompt verlassen.

Lichtbalken-Menüs jeweils in Zeile 0: Wie die Ausführung zu Programm
Kun5 zeigt, erscheint das Hauptmenü m mit sieben Pads in Zeile 0 (siehe
Ausführungsbildschirm). Die drei Pads des Untermenüs p6 erscheinen
ebenfalls in Zeile 0:

       | Satznummer | | Nummer | | Name |

Mit der Esc-Taste wird das Untermenü dann wieder durch das Hauptmenü ersetzt.

dBASE-Quelltext zu Programm Kun5 und Prozedurdatei KunProz5.PRG:

```
* ====== Programm Kun5
* Menü-Modell 5: Waagrechte Menüleiste (MENU) mit Balken (PADs)
*                und Untermenüs mit Balken (PADs)

* Einstellungen vornehmen
CLEAR ALL
SET TALK OFF                        && Meldungen abschalten
SET STATUS OFF                      && Zeilen 22-24 freilassen
SET SCOREBOARD OFF                  && Obere Meldungszeile freilassen
SET PROCEDURE TO KunProz5           && Prozedurdatei öffnen
* SET COLOR OF ...                  && Nicht wiedergegeben (vgl. Kun4.PRG)
&& Überschriften: rot-hellgrün

* Menüleiste (MENU) mit sieben Balkenmenüs (PADs) in Zeile 0 definieren
DEFINE MENU m
DEFINE PAD m1 OF m PROMPT 'Ändern' AT 0,0 MESSAGE 'Inhalt eines Datensatzes
                                  ändern'
DEFINE PAD m2 OF m PROMPT 'Blättern' AT 0,10 MESSAGE 'Datei Satz für Satz
                                  lesen'
DEFINE PAD m3 OF m PROMPT 'Drucken'AT 0,20 MESSAGE 'Dateiinhalt anzeigen oder
                                  ausdrucken'
DEFINE PAD m4 OF m PROMPT 'Löschen' AT 0,30 MESSAGE 'Sätze aus der Datei
                                  entfernen'
DEFINE PAD m5 OF m PROMPT 'Neu' AT 0,40 MESSAGE 'Datensätze neu erfassen bzw.
                                  schreiben'
DEFINE PAD m6 OF m PROMPT 'Suchen' AT 0,50 MESSAGE 'Sätze direkt oder
                                  sequentiell suchen'
DEFINE PAD m7 OF m PROMPT 'Ende' AT 0,60 MESSAGE 'Programm beenden'
```

```
* Den Menübalken (PADs) Aktivitäten (hier: Programme, Anweisungen) zuordnen
ON SELECTION PAD m1 OF m @ 21,1 SAY 'Änderungsdienst fehlt noch.          '
&& Anstelle der Befehle sind
ON SELECTION PAD m2 OF m @ 21,1 SAY 'Blättern fehlt noch.                 '
ON SELECTION PAD m3 OF m DO KunP3         && Programm ohne Untermenü aufrufen
ON SELECTION PAD m4 OF m @ 21,1 SAY 'Löschen fehlt noch.                  '
ON SELECTION PAD m5 OF m @ 21,1 SAY 'Neu erfassen fehlt noch.            '
ON SELECTION PAD m6 OF m DO KunP6         && Untermenü mit Untermenü aufrufen
ON SELECTION PAD m7 OF m @ 21,1 SAY 'Mit Esc zum "." von dBASE zurückkehren.'


* Datei öffnen
mDateiname = SPACE(8)
@ 21,1 SAY 'Dateiname?' GET mDateiname
READ
USE (mDateiname) INDEX (mDateiname)


* Menüsteuerung aktivieren
DO KunBild5                               && Bildschirm neu aufbauen
ACTIVATE MENU m                           && Menüsteuerung aktivieren


* Nachlauf
USE                                       && Datei Kun.DBF schließen
SET PROCEDURE TO                          && Prozedurdatei schließen
DEACTIVATE MENU                           && Menü m verschwinden lassen
CLEAR                                     && Bildschirm löschen
? 'Programmende Kun5.'
RETURN



* ====== Prozedurdatei KunProz5
* Gerufen von: Kun5 für die Prozeduren zu Menü-Modell 5


PROCEDURE KunP6
* Menüwahl 6 zu Suchen: Untermenü 6 mit Balken definieren und aktivieren
DEFINE MENU p6
DEFINE PAD p61 OF p6 PROMPT 'Satznummer' AT 0,0 MESSAGE 'Nach der Datensatz-
nummer suchen'
DEFINE PAD p62 OF p6 PROMPT 'Nummer' AT 0,13 MESSAGE 'Nach der Kundennummer
suchen'
DEFINE PAD p63 OF p6 PROMPT 'Name' AT 0,23 MESSAGE 'Nach dem Namen des Kunden
suchen'
ON SELECTION PAD p61 OF p6 DO KunP61
ON SELECTION PAD p62 OF p6 DO KunP62
ON SELECTION PAD p63 OF p6 DO KunP63
ACTIVATE MENU p6
RETURN
```

```
PROCEDURE KunP61
* Menüwahl Pad 6/Pad 1 zu Suchen: Nach der Satznummer suchen
a 21,0 CLEAR TO 23,79
a 21,1 SAY 'Prozedur KunP61 fehlt noch.'
DO KunWart5
RETURN


PROCEDURE KunP62
* Menüwahl Pad 6/Pad 2 zu Suchen: Nach der Kundennummer suchen
mNummer = '0  '
a 21,1 SAY 'Kundennummer als Suchbegriff?' GET mNummer
READ
mSatzNr = RECNO()
SEEK mNummer
IF .NOT. FOUND()
  GO mSatzNr
  a 22,1 SAY 'Satz nicht gefunden.'
ELSE
  a 23,1 SAY 'Kunde wird angezeigt.'
  DO KunZeig5
ENDIF
DO KunWart5
RETURN


PROCEDURE KunP63
* Menüwahl Pad 6/Pad 3 zu Suchen: Nach dem Namen suchen
a 21,1 SAY 'Prozedur KunP63 fehlt noch.'
DO KunWart5
RETURN


PROCEDURE KunP3
* Menüwahl 3: Drucken
a 1,0 CLEAR TO 23,79
DISPLAY ALL
SET CONSOLE OFF
WAIT
SET CONSOLE ON
DO KunMask5
RETURN


PROCEDURE KunInfo5
* Bildschirm oben: Information in Zeilen 1 und 2 anzeigen
a 1,0 CLEAR TO 2,79
a 1,1 SAY 'VERWALTUNG VON KUNDEN (Datei-Modell 6)'
a 1,68 SAY DATE()
```

```
@ 2,1 SAY 'Datei: ' + TRIM(mDateiname) + '.DBF'
@ 2,20 SAY 'Indexdatei: ' + TRIM(mdateiname) + '.NDX'
RETURN


PROCEDURE KunWart5
* Bildschirm unten: Ohne Meldung weiter mit Taste und Zeilen 21-23 löschen
SET CONSOLE OFF
WAIT
SET CONSOLE ON
@ 21,0 CLEAR TO 23,79
RETURN


PROCEDURE KunMask5
* Bildschirm Mitte: Maske mit Bildschirmaufteilung und Datenfeldnamen anzeigen
@ 3,0 CLEAR TO 23,79
DO KunInfo5
@ 3,1 SAY REPLICATE(CHR(220),75)
@ 4,1 SAY 'Satznummer:'
@ 4,20 SAY 'Satzanzahl:'
@ 4,40 SAY 'Löschmarkierung:'
@ 10,5 SAY 'Kundennummer:'
@ 12,5 SAY 'Kundenname:'
@ 14,5 SAY 'Kundenumsatz:'
@ 20,1 SAY REPLICATE(CHR(223),75)
RETURN


PROCEDURE KunZeig5
* Bildschirm Mitte: Aktiven Datensatz am Bildschirm anzeigen
@ 4,12 SAY STR(RECNO(),3)
@ 4,31 SAY STR(RECCOUNT(),3)
IF DELETED()
  @ 4,57 SAY 'j'
ELSE
  @ 4,57 SAY 'n'
ENDIF
@ 10,20 SAY Nummer
@ 12,20 SAY Name
@ 14,20 SAY Umsatz PICTURE '999999.99'
RETURN


PROCEDURE KunBild5
* Bildschirm komplett neu aufbauen (außer Menüzeilen 0 und 24)
DO KunMask5
DO KunZeig5
RETURN
```

1.4.3 Menü-Modell 6 mit zwei Menü-Ebenen (Pads und Popups)

In Menü-Modell 5 ist das Suchen-Untermenü p6 als Balken-Menü pro-
grammiert. In Menü-Modell 6 wird das Untermenü p6 als Popup-Menü
heruntergeklappt. Ein Popup-Menü wird auch als Pull-down-Menü und
Rolladenmenü bezeichnet.
- Das Popup-Menü p6 überlagert mit seinen drei Menüpunkten
  (BARs) *Satznummer*, *Nummer* und *Name* den Text am Bildschirm.
- Nach Verlassen des Popups mit Esc ist der temporär überlagerte
  Text wieder lesbar.

Ausführung zu Programm Kun6 (Popup-Menü Suchen ist aktiv):

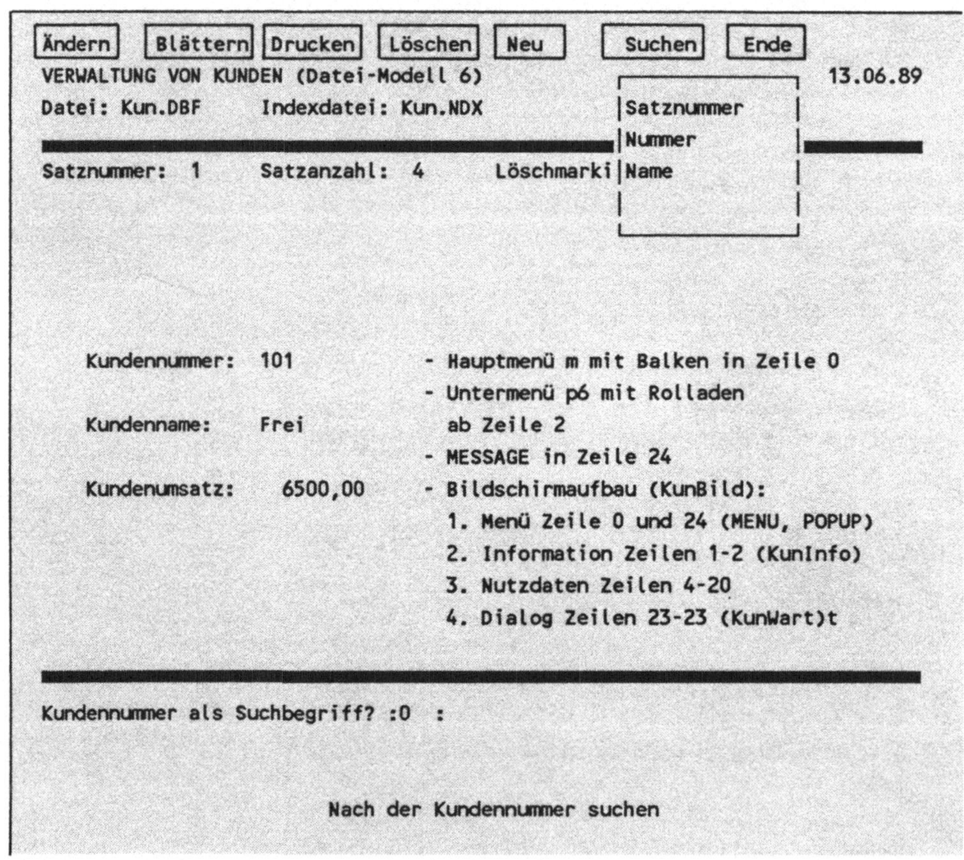

Popup-Menüpunkte mit BAR()-Funktion abfragen:
Ein Menüpunkt wird durch Verschieben des Balkens ausgewählt und mit
Return aktiviert. Mit der Funktion BAR() kann man die Nummer des gerade aktiven Bars abfragen, um ein Unterprogramm aufzurufen. So wird
in Prozedur KunP6 mit

```
DO CASE
  CASE BAR() = 1
    DO KunP61
  CASE BAR() = 2
    ...
```

bei Aktivieren des Bar 1 die Prozedur KunP61 aufgerufen. Mit der Ausführung der RETURN-Anweisung in Prozedur KunP61 wird die Steuerung wieder an das Popup zurückgegeben.

dBASE-Quelltext zu Programm Kun6:

```
* ====== Programm Kun6
* Menü-Modell 6: Waagrechte Menüleiste (MENU) mit Balken (PADs)
*                und Untermenü mit POPUPs


* Einstellungen vornehmen
CLEAR ALL
SET TALK OFF                    && Meldungen abschalten
SET STATUS OFF                  && Zeilen 22-24 freilassen
SET SCOREBOARD OFF              && Obere Meldungszeile freilassen
SET PROCEDURE TO KunProz6
* SET COLOR OF ...              && Nicht wiedergegeben (vgl. Kun4.PRG)
&& Überschriften: rot-hellgrün


* Menüleiste (MENU) mit sieben Balkenmenüs (PADs) in Zeile 0 definieren
DEFINE MENU m
DEFINE PAD m1 OF m PROMPT 'Ändern' AT 0,0 MESSAGE 'Inhalt eines Datensatzes
                                        ändern'
DEFINE PAD m2 OF m PROMPT 'Blättern' AT 0,10 MESSAGE 'Datei Satz für Satz
                                        lesen'
DEFINE PAD m3 OF m PROMPT 'Drucken'AT 0,20 MESSAGE 'Dateiinhalt anzeigen oder
                                        ausdrucken'
DEFINE PAD m4 OF m PROMPT 'Löschen' AT 0,30 MESSAGE 'Sätze aus der Datei
                                        entfernen'
DEFINE PAD m5 OF m PROMPT 'Neu' AT 0,40 MESSAGE 'Datensätze neu erfassen bzw.
                                        schreiben'
DEFINE PAD m6 OF m PROMPT 'Suchen' AT 0,50 MESSAGE 'Sätze direkt oder
                                        sequentiell suchen'
DEFINE PAD m7 OF m PROMPT 'Ende' AT 0,60 MESSAGE 'Programm beenden'
```

Popup-Menü mit DEFINE POPUP-Anweisung vereinbaren:
DEFINE POPUP p6 FROM 2,50 TO 6,65 vereinbart ein Rolladenmenü
namens p6 und positioniert seinen Rahmen von Zeile 2/Spalte 50 bis Zeile 6/Spalte 65. Allgemeines Format:

```
DEFINE POPUP Popupname FROM Zeile,Spalte [TO Zeile,Spalte]
        [PROMPT FIELD Feldname / PROMPT FILES [LIKE Wahl] / PROMPT STRUKTURE]
        [MESSAGE 'Meldungstext']
```

Die DEFINE POPUP-Anweisung bietet mehrere Optionen an, die alterna-
tiv (nicht gleichzeitig) anzugeben sind:
- Schreibt man im einfachsten Fall DEFINE POPUP p6 FROM 2,50,
  dann legt das System die Breite und Länge des Popups gemäß den
  Bars selbst. In der Breite wie Höhe des Rahmens werden jeweils 2
  Stellen für die Linien benötigt. Der Rahmen wird entsprechend
  SET BORDER gezeichnet.
- Mit PROMPT FIELD Info wird der Inhalt des Datenfeldes Info
  aus der geöffneten DBF-Datei in das Popup-Fenster übernommen
  (Memo-Feld nicht zugelassen).
- Mit dem Zusatz PROMPT FILES lassen sich die im entsprechen-
  den Katalog enthaltenen DBF-Dateien im Popup darstellen.
- Mit PROMPT STRUCTURE wird der Aufbau der aktiven DBF-
  Datei angezeigt.

Popup-Menüpunkte mit DEFINE BAR-Anweisung vereinbaren:
DEFINE BAR 2 OF p6 PROMPT 'Nummer' MESSAGE 'nach ...' vereinbart Nummer als 2. Menüpunkt des Popups p6 und zeigt in Zeile 24 die
angegebene Meldung an. Der Menüpunkt bzw. Bar wird als Leuchtbalken
angezeigt. Allgemeines Format:

```
DEFINE BAR Barnummer OF Popupname PROMPT 'Bartext' [MESSAGE 'Meldungstext']
                                                   [SKIP [FOR Bedingung]]
```

Mittels SKIP wird ein Menüpunkt nur angezeigt, nicht aber zur Auswahl
angeboten. Damit kann sich ein Menüpunkt bzw. Bar auch über mehrere
Zeilen hinweg erstrecken. Mittels
```
DEFINE BAR 4 OF p6 PROMPT  REPLICATE('-',12) SKIP
DEFINE BAR 5 OF p6 PROMPT '...wählen!' SKIP
```
würde das Popup p6 um zwei Zeilen verlängert.

```
* Den Menübalken (PADs) Aktivitäten (hier: Programme, Anweisungen) zuordnen
ON SELECTION PAD m1 OF m @ 21,1 SAY 'Änderungsdienst fehlt noch.            '
ON SELECTION PAD m2 OF m @ 21,1 SAY 'Blättern fehlt noch.                   '
ON SELECTION PAD m3 OF m DO KunP3         && Programm ohne Untermenü aufrufen
ON SELECTION PAD m4 OF m @ 21,1 SAY 'Löschen fehlt noch.                    '
ON SELECTION PAD m5 OF m @ 21,1 SAY 'Neu erfassen fehlt noch.              '
ON SELECTION PAD m6 OF m DO KunPop6        && Untermenü mit Untermenü aufrufen
ON SELECTION PAD m7 OF m @ 21,1 SAY 'Mit Esc zum "." von dBASE zurückkehren.'

* Datei öffnen
mDateiname = SPACE(8)
@ 21,1 SAY 'Dateiname?' GET mDateiname
READ
USE (mDateiname) INDEX (mDateiname)

* Menüsteuerung aktivieren
DO KunBild6
ACTIVATE MENU m

* Nachlauf
USE
SET PROCEDURE TO
DEACTIVATE MENU
CLEAR
? 'Programmende Kun6.'
RETURN


* ====== Prozedurdatei KunProz6
* Gerufen von: Kun6 für die Prozeduren zu Menü-Modell 6

PROCEDURE KunPop6
* Menüwahl 6 zu Suchen: Untermenü 6 des Hauptmenüs definieren und aktivieren
DEFINE POPUP p6 FROM 1,50 TO 6,65
DEFINE BAR 1 OF p6 PROMPT 'Satznummer' MESSAGE'Nach der Datensatznummer suchen'
DEFINE BAR 2 OF p6 PROMPT 'Nummer' MESSAGE 'Nach der Kundennummer suchen'
DEFINE BAR 3 OF p6 PROMPT 'Name' MESSAGE 'Nach dem Namen des Kunden suchen'
ON SELECTION POPUP p6 DO KunP6
ACTIVATE POPUP p6
RETURN


PROCEDURE KunP6
* Menüwahl 6: Den Balken (BAR) von Popup p6 Programme zuordnen
DO CASE
   CASE BAR() = 1
      DO KunP61
```

```
    CASE BAR() = 2
      DO KunP62
    CASE BAR() = 3
      DO KunP63
ENDCASE
RETURN


PROCEDURE KunP61
... weiter entsprechend Programm KunProz5.PRG in Abschnitt 3.4.4.2
...
RETURN
```

Hierarchie der Menüs (Balken, Popup) ab Menü-Modell 6:
Die Anweisungen DEFINE MENU, DEFINE PAD, DEFINE POPUP,
DEFINE BAR, ON SELECTION PAD und ON SELECTION POPUP im-
plizieren eine Schachtelung von Menüs. Sieht man für die erste Menüebene Balken und für die zweite Menüebene Popups vor, dann zeigt sich
diese Hierarchie wie folgt:

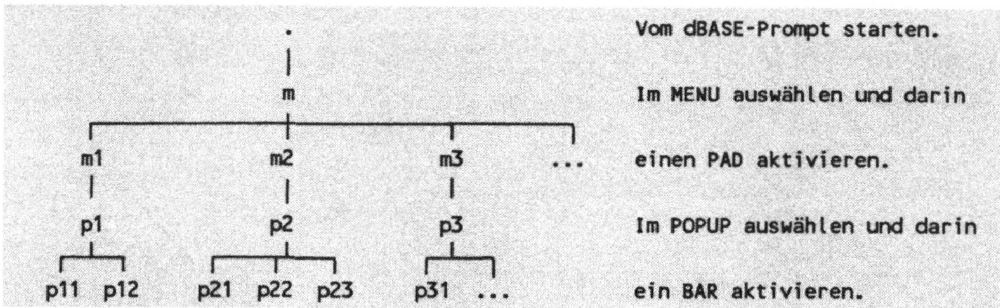

Mit p23 wird also der 3. Menüpunkt des 2. Popups bezeichnet. Mit p231
würde die 1. Wahlmöglichkeit (Balken oder Popup) einer weiteren Menü-
ebene gekennzeichnet. Bei entsprechender Benennung von Menüs bzw.
Prozeduren lassen sich mit der ab dBASE IV verfügbaren Menüsteuerung
Applikationen erstellen, die gemäß der Top-Down-Methode klar struktu-
riert und gut lesbar sind.

1.4.4 Menü-Modell 7 mit zusammengefaßten Menü-Vereinbarungen

Die Ausführungsbildschirme der Programme Kun6 (Modell 6) und Kun7
(Modell 7) sind fast identisch; in Modell 7 ist ein Ändern-Popup einge-

fügt. Die dBASE-Codierungen unterscheiden sich wie folgt:

- In Programm Kun6 werden die Menüs im Hauptprogramm (Menü m) und in Prozeduren (Popup p6 in Prozedur KunPop6) vereinbart. Mit

```
ON SELECTION PAD m6 OF m DO KunPop6
```

  wird der Balken m6 ausgeführt, um in der Prozedur das Popup p6 zu definieren und zu aktivieren.

- In Programm Kun7 hingegen sind alle Vereinbarungen zusammengefaßt. Nun kann das Popup p6 mit

```
ON SELECTION PAD m6 OF m ACTIVATE POPUP m6
```

  direkt aktiviert werden.

- Insbesondere bei komplexeren Menüstrukturen kann es sinnvoll sein (da leichter lesbar), sämtliche Vereinbarungen wie in Menü-Modell 7 gezeigt zusammenzufassen.

dBASE-Quelltext zu Programm Kun7 (Menü-Modell 7):

```
* ====== Programm Kun7
* Menü-Modell 7: Waagrechte Menüleiste (MENU) mit Balken (PADs)
*                und Untermenü mit POPUPs. Menüdefinitionen zusammengefaßt.


* Einstellungen vornehmen
CLEAR ALL
SET DEFAULT TO B:              && Such-Laufwerk einstellen
SET PATH TO B:\               && Such-Verzeichnis einstellen
SET TALK OFF                   && dBASE-Meldungen abschalten
SET STATUS OFF                 && Zeilen 22-24 freilassen
SET SCOREBOARD OFF             && Obere Meldungszeile freilassen
* SET COLOR OF ...             && Bildschirm einstellen (siehe Kun4.PRG)
SET PROCEDURE TO KunProz7      && Datei für die Prozeduren angeben


* Menüleiste (MENU) mit sieben Balkenmenüs (PADs) in Zeile 0 definieren
DEFINE MENU m
DEFINE PAD m1 OF m PROMPT 'Ändern' AT 0,0 MESSAGE 'Inhalt eines Datensatzes
                                               ändern'
DEFINE PAD m2 OF m PROMPT 'Blättern'AT 0,10 MESSAGE 'Datei Satz für Satz lesen'
DEFINE PAD m3 OF m PROMPT 'Drucken' AT 0,20 MESSAGE 'Dateiinhalt anzeigen
                                               oder ausdrucken'
DEFINE PAD m4 OF m PROMPT 'Löschen' AT 0,30 MESSAGE 'Sätze aus der Datei
                                               entfernen'
DEFINE PAD m5 OF m PROMPT 'Neu' AT 0,40 MESSAGE 'Datensätze neu erfassen bzw.
                                               schreiben'
```

```
DEFINE PAD m6 OF m PROMPT 'Suchen' AT 0,50 MESSAGE 'Sätze direkt oder
                                          sequentiell suchen'
DEFINE PAD m7 OF m PROMPT 'Ende' AT 0,60 MESSAGE 'Programm beenden'


* Popups definieren (hier nur zwei Popups)
DEFINE POPUP p1 FROM 2,0 TO 5,20
DEFINE BAR 1 OF p1 PROMPT 'Ändern über EDIT' MESSAGE 'Satz für Satz einzeln
                                          editieren'
DEFINE BAR 2 OF p1 PROMPT 'Ändern über BROWSE' MESSAGE 'Datei in Tabellenform
                                          editieren (F2 zum Wechseln)'


DEFINE POPUP p6 FROM 2,50 TO 6,65
DEFINE BAR 1 OF p6 PROMPT 'Satznummer' MESSAGE 'Nach der Datensatznummer
suchen'
DEFINE BAR 2 OF p6 PROMPT 'Nummer' MESSAGE 'Nach der Kundennummer suchen'
DEFINE BAR 3 OF p6 PROMPT 'Name' MESSAGE 'Nach dem Namen eines Kunden suchen'
* ... ergänzen weiterer DEFINE POPUP


* Den Menübalken (PADs) Aktivitäten (Anweisung, Programme, Popup) zuordnen
ON SELECTION PAD m1 OF m ACTIVATE POPUP p1        && Popup als Untermenü
ON SELECTION PAD m2 OF m a 21,1 SAY 'Blättern fehlt noch.                 '
ON SELECTION PAD m3 OF m DO KunP3                && Programm ohne Untermenü
ON SELECTION PAD m4 OF m a 21,1 SAY 'Löschen fehlt noch.                  '
ON SELECTION PAD m5 OF m a 21,1 SAY 'Neu erfassen fehlt noch.             '
ON SELECTION PAD m6 OF m ACTIVATE POPUP p6        && Popup als Untermenü
ON SELECTION PAD m7 OF m a 21,1 SAY 'Mit Esc zum "." von dBASE zurückkehren.'


* Den Untermenüs (POPUPs) Aktivitäten zuordnen (mit Aktionen für die BARs)
ON SELECTION POPUP p1 DO KunP1
ON SELECTION POPUP p6 DO KunP6
* ... ergänzen weiterer ON SELECTION POPUP


* Datei öffnen
mDateiname = SPACE(8)
a 21,1 SAY 'Dateiname?' GET mDateiname
READ
USE (mDateiname) INDEX (mDateiname)


* Menüsteuerung aktivieren
CLEAR
DO KunBild7
ACTIVATE MENU m


* Nachlauf
USE
```

```
SET PROCEDURE TO
DEACTIVATE MENU
CLEAR
? 'Programmende Kun7.'
RETURN
```

Ausführung zu Programmm Kun7 (Ändern-Popup ist aktiv):

```
| Ändern |  | Blättern | | Drucken | | Löschen | | Neu |      | Suchen |  | Ende |
VERWALTUNG VON KUNDEN (Datei-Modell 7)                                13.06.89
                              ndexdatei: Kun.NDX
| Ändern über EDIT   |
| Ändern über BROWSE | atzanzahl:  4        Löschmarkierung: n

...
```

dBASE-Quelltext zu Prozedurdatei KunProz7:

```
* ====== Prozedurdatei KunProz7
* Gerufen von: Kun7 für die Prozeduren zu Menü-Modell 7


PROCEDURE KunP1
* Menüwahl 1: Änderungsdienst
DO CASE
  CASE BAR() = 1
    EDIT
  CASE BAR() = 2
    BROWSE
ENDCASE
DO KunBild7
RETURN


PROCEDURE KunP6
* Menüwahl Popup 6: Programme den Balken (BAR) von Untermenü (POPUP) Pop6
zuordnen
DO CASE
  CASE BAR() = 1
    DO KunP61              && Mit Return von KundP61 wieder zurück zum Popup
  CASE BAR() = 2
    DO KunP62
  CASE BAR() = 3
    DO KunP63        PROCEDURE KunP61
ENDCASE             ... weiter entsprechend KunProz6.PRG in Abschnitt 3.4.4.3
RETURN              RETURN
```

Aufgaben zu Abschnitt 1.4

1. Vervollständigen Sie das Menü-Modell 7 (Programm Kun7.PRG und Prozedurdatei KunProz7.PRG) so, daß sämtliche Menüpunkte über die entsprechenden Unterprogramme bzw. Prozeduren ausgeführt werden. Programmnamen: Kun8.PRG und Prozedurdatei KunProz8.PRG (Menü-Modell 8).

2. Das Menü-Modell 8 (vgl. Aufgabe 1) arbeitet mit zwei Menü-Ebenen, um eine Kundendatei zu verwalten. Dabei werden Pads (Balken) und Popups (Rolladenmenüs) verwendet. Dieser Kundenverwaltung soll eine weitere Menü-Ebene mit folgenden fünf Pads übergeordnet werden, wobei die Kundenverwaltung über den ersten Lichtbalken aktivierbar ist:

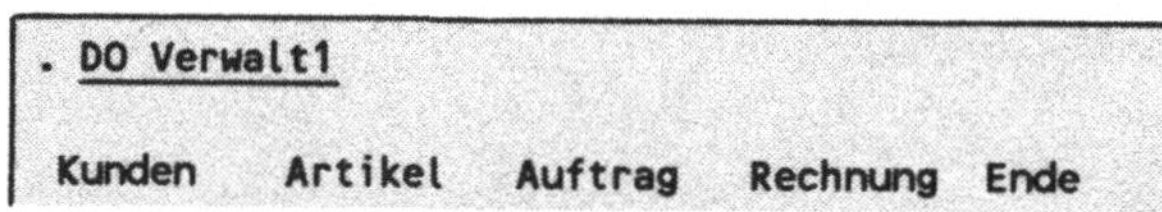

a) Entwickeln Sie ein Programm Verwalt1.PRG, das das obige 5-Pads-Menü verwaltet. Benennen Sie das Menü mit v. Menühierarchie des Programms:

```
Name des Menüs:      In Programm:        Auswahl:

   v:  v1 - v4       Verwalt1            Menü-Pads Dateiverwaltungen
   m:  m1 - m7       VerKun8             Menü-Pads Kundenverwaltung
   p:  p1 - p6       VerKun8             Popups Kundenverwaltung
```

b) Ändern Sie das Programm Kun8.PRG von Aufgabe 1 so zum Programm VerKun8.PRG ab, das es bei Anwählen des ersten Lichtbalkens aufgerufen werden kann. Hinweise: Befehle CLEAR ALL und DEACTIVATE MENU sind aus Kun8.PRG zu entfernen.

1.5 Grundlegende Datenstrukturen

1.5.1 String zur Textverarbeitung

1.5.1.1 Funktionen zur Stringverarbeitung

Strings sind Zeichenketten, die bis zu 254 Zeichen lang sein können und
zwischen Hochkomma ' ' oder Gänsefüßchen " " geschrieben werden.
dBASE stellt folgende Funktionen zur Verarbeitung von Strings bereit:

Die Funktion ...	... gibt als Funktionsergebnis zurück:
ASC(AusdruckZ)	Die ASCII-Zahl des 1. Zeichens
AT(AusdruckZ1,AusdruckZ2)	Anfangspos. des 1. im 2. Ausdruck oder Null
CHR(AusdruckN)	Das Zeichen für die angegebene ASCII-Zahl
LEFT(AusdruckZ,N)	Die N linken (ersten) Zeichen des Strings
LOWER(AusdruckZ)	Den String mit Buchstaben in Kleinschreibung
LTRIM(AusdruckZ)	Den String ohne führende Leerstellen
REPLICATE(AusdruckZ,N)	Einen String aus N Zeichen
RIGHT(AusdruckZ,N)	Die N rechten (letzten) Zeichen des Strings
RTRIM(AusdruckZ)	Den String ohne nachfolgende Leerstellen
SPACE(N)	Einen String aus N Leerstellen
STR(N [,Länge] [Dezimalstellen])	String als Umwandlung einer Zahl N
STUFF(Z1,AnfangPos,Anzahl,Z2)	String mit String Z2 in String Z1 eingefügt
SUBSTR(Z1,AnfangPos, [Anzahl])	Teilstring aus String Z1 mit Anzahl Zeichen
TRANSFORM(AusdruckZ,Formatstring)	Formatierten String
TRIM(AusdruckZ)	Wie RTRIM()
UPPER(AusdruckZ)	Den String mit Buchstaben in Großschreibung
VAL(AusdruckZ)	Eine Zahl als Umwandlung des Strings oder 0

Vordefinierte Funktionen zur Verarbeitung von Strings

Probleme der Stringverarbeitung sind vielfältig. Zwei Beispiele: Eine
Textlücke bei Ausgabe einer kleinen Zahl vermeidet man, indem man die
Zahl mit STR() in einen String umwandelt und führende Nullen mit
LTRIM() abschneidet:

```
? 'Umsatzsumme im Januar: ',LTRIM(STR(UmsatzSum,12,2)),' DM'
```

Eine zweizeilige Überschrift zentriert man mittels LEN():

```
Zeile1 = 'Der Schwarzwald'
Zeile2 = 'und die gegenüberliegenden Vogesen'
@ 4,(80-LEN(Zeile1))/2 SAY Zeile1
@ 5,(80-LEN(Zeile2))/2 SAY Zeile2
```

Funktionen und deren Umkehrfunktionen anhand Programm String1:
Das Programm String1 demonstriert vier Paare von Funktionen zur Verarbeitung von Strings.

```
* ====== Programm String1
* Stringverarbeitung: Funktionen und Umkehrfunktionen
*
? '1. CHR() und ASC() zur Zeichendarstellung im ASCII:'
? CHR(75)                      && CHR() liefert ASCII-Zeichen zu Nummer 0-255
? ASC('Kai'), ASC(CHR(75))     && ASC() liefert Codenummer zum 1. Zeichen

? '2. STR() und VAL() zur Umwandlung Numerisch - String:'
? STR(167),STR(0)             && Numerischen Wert in String umwandeln
? VAL('127'),VAL('127 DM')    && String in numerischen Wert oder 0 umwandeln

? '3. LOWER() und UPPER() für Klein/Großschreibung:'
? UPPER('PREis 128 Dm')        && Buchstaben in Großschreibung umsetzen
? LOWER(UPPER('PREis 128 Dm'))  && Groß- in Kleinschreibung umsetzen

? '4. TRIM(), RTRIM(), LTRIM() zur Behandlung von Leerzeichen:'
? TRIM('Klaus      '+'-Jakob')  && Leerstellen rechts abschneiden (wie RTRIM())
? RTRIM('ja  ')+LTRIM('   wohl')  && Leerstellen rechts und links abschneiden
RETURN
```

```
. DO String1
1. CHR() und ASC() zur Zeichendarstellung im ASCII:
K
        75          75
2. STR() und VAL() zur Umwandlung Numerisch - String:
       167          0
       127         127
3. LOWER() und UPPER() für Klein/Großschreibung:
PREIS 128 DM
preis 128 dm
4. TRIM(), RTRIM(), LTRIM() zur Behandlung von Leerzeichen:
Klaus     -Jakob
jawohl
```

Funktion STR zur String-Umwandlung anhand Programm String2:
Mit der Funktion STR() lassen sich numerische Werte in Strings umwandeln. Zu beachten: STR() rundet und bearbeitet Über-/Unterlängen.

```
* ====== Programm String2
* Stringverarbeitung: Funktion STR(AusdruckN,[Länge],[DezStellen])
* Numerischen Wert in einen String umwandeln (Ergebnistyp String)
*
? STR(1234567890),STR(1234567890,10,0)     && Länge=10 und Dez=0 als Defaults
? STR(7653.56,7,2), STR(7653.56,20,4)      && Längenangabe kann zu groß sein
? STR(7653.56,7,1), STR(7653.56,7,0)       && Aufrunden über 0.5
? STR(7653.24,7,1), STR(7653.24,7,0)       && Abrunden unter 0.5
? STR(7653.56,6,2), STR(7653.56,3)         && *, falls Länge nicht ausreichend
? STR(7653.56), STR(0.9), STR(0.444)       && Gerundete Zahl, 10-Zeichen-String
Monate = 10.25
? 'Alter: '+STR(Monate,5,2)+' und 4 Tage'  && String über Stringverkettung
? VAL(STR(7653.56,7,2)) * 1000             && VAL() als Umkehrfunktion zu STR()
RETURN
```

```
. DO String2
Kompilieren der Zeile:          15
1234567890 1234567890
7653,56                7653,5600
 7653,6      7654
 7653,2      7653
7653,5 ***
        7654            1            0
          10,25
Alter: 10,25 und 4 Tage
    7653000
```

Funktion SUBSTR zur Teilsstring-Entnahme anhand Programm String3:
Die Funktion SUCHSTR() dient der Teil- bzw. Substringverarbeitung. Bei
Fehlen der *Zeichenanzahl* werden alle Zeichen bis zum Ende des Quellstrings entnommen. Wie bei den anderen Funktionen auch sind drei Formen der Angabe des Quellstrings möglich:

1. String als *Literal*: 'Heidelberg'
2. String als *Variable*: Stadt
3. String als Ergebnis eines auszuwertenden *Ausdrucks*: TIME()

```
* ====== Programm String3
* Stringverarbeitung
* Funktion SUBSTR(Quellstring,Anfangsposition [,Zeichenanzahl])
* Substring aus dem Quellstring entnehmen (Ergebnistyp String)
*
? SUBSTR('Heidelberg',4,3)        && 1. Zeichenkonstante (Literal) als Quelle
Stadt = 'Freiburg'
? SUBSTR(Stadt,4,3)               && 2. Variable als Quelle
? SUBSTR(TIME(),4,2)              && 3. Ausdruck (Funktionsaufruf) als Quelle
```

```
? VAL(SUBSTR(TIME(),1,2)) + 3        && Funktionsschachtelung: 3 Stunden später
? SUBST('rot',2,2),SUBSTR('rot',2)   && Bis Stringende nehmen, da Anzahl fehlt
RETURN
```

```
. DO String3
Kompilieren der Zeile:        12
del
ibu
27
          19
ot ot
```

Funktionen STUFF und AT für Teilstrings anhand Programm String4:

Die Funktion STUFF() kann verwendet werden, um einen Teilstring ein-
zufügen (mit Überschreiben) oder zu löschen (Quellstring verkürzt sich).
Die Funktion AT() liefert die Anfangsposition eines Teilstrings.

```
* ====== Programm String4
* Stringverarbeitung
* Funktion STUFF(Quellstring,AnfPro,LöschAnzahl,Einfügestring)
*    String in Quellstring löschen, einfügen, überschreiben (Ergebnistyp String)
* Funktion AT(Teilstring,Gesamtstring) mit Ergebnistyp Numerisch
*    Anfangsposition (oder 0) von Teilstring im Gesamtstring angeben
*
? STUFF('Heixxlberg',4,2,'de')       && Zwei Zeichen ersetzen
? STUFF('Heilberg',4,0,'de')         && Zwei Zeichen einfügen (da Anzahl=0)
? STUFF('Heidedelberg',4,2,'')       && Zwei Zeichen löschen (da Leerstring
'')
? LEN(STUFF('Klaus',4,1,'a')) = LEN(STUFF('Klaus',4,1,''))  && Länge ungleich
? AT('e','Heidel'),AT('el','Heidel') && Anfangsposition von 'e' bzw. 'el'
Eingabe = UPPER(SUBSTR('jawohl',1,1)) && Eingabeanalyse auf "Ja-Nein" über
? AT(Eingabe,'JN') <> 0              && UPPER, SUBSTR und AT vornehmen
RETURN
```

```
. DO String4
Kompilieren der Zeile:        15
Heidelberg
Heidelberg
Heidelberg
.F.
          2         5
J
.T.
```

Stringoperatoren +, - und $ anhand Programm String5:
Die Operatoren + und - dienen zur Stringverkettung (Ergebnis vom Datentyp Zeichen), während der Operator $ prüft, ob ein Teilstring in einem Gesamtstring enthalten ist (Ergebnis vom Datentyp Logisch).

```
* ====== Programm String5
* Stringverarbeitung über Stringoperatoren +, - und $
*
? '6900'+' '+'Heidelberg'              && Stringaddition: Leerzeichen verbleiben
? '6900'   + ' '  +  'Heidelberg'      && Nur Leerstellen im Literal wichtig

? ' 6900 '-' Heidelberg '              && Stringaddition: 4 Leerzeichen an das
? LEN(' 6900 '-' Heidelberg ')         && Ende des Strings verschieben

? 'e'$'Heid', 'eid'$'Heid'             && Zeichen bzw. String enthalten?
? 'x'$'Heid', 'Heid'$'eid'             && Funktionsergebnis .T. oder .F.
RETURN
```

```
. DO String5
6900 Heidelberg
6900 Heidelberg
 6900 Heidelberg
                18
.T. .T.
.F. .F.
```

Stringaddition über Operator +:
Die Stringaddition mittels + wird auch als Stringaddition bzw. Stringverkettung bezeichnet. Beim Aufbau eines Strings über eine Schleife ist stets von einem Leerstring auszugehen. Einen String S aus 70 Sternchen aufbauen:

```
S = ''                    1. Vor der Schleife: Leerstring zuweisen
n = 1
DO WHILE n <= 70
   S = S + '*'            2. In der Schleife: Stringaddition
   n = n + 1
ENDDO
? S                       3. Nach der Schleife: Stringverwendung
```

Teilstring prüfen über Operator $:
Über *Teilstring $ Gesamtstring* prüft man, ob ein Teilstring im Gesamtstring enthalten ist (.T. als Ergebnis) oder nicht (.F. als Ergebnis). Drei

Beispiele: Eine Schleife wiederholen, solange (unabhängig von Klein-
/Großschreibung) weder V noch W, X, Y oder Z eingegeben worden ist:

```
DO WHILE .NOT. UPPER(mEingabe) $ 'VWXYZ' ...
```

Prüfen, ob 'j' oder aber 'J' in mWahl abgelegt ist:

```
IF mWahl $ 'jJ' ...
```

Ist die Postleitzahl 69 irgendwo in der Stringvariablen Ort enthalten (.T.
für '6900 Heidelberg', 'Plz-Gebiet 69 und 68', 'in 6902 Sandhausen').

```
CASE '69' $ Ort ...
```

1.5.1.2 Simulation eines Stapelspeichers

Stack als LIFO-Speicher: Ein Stack bzw. Stapel ist mit einem Schallplat-
tenstapel zu vergleichen: Ein neues Element kann nur oben hinzugefügt
werden und nur von oben entnommen werden. Auf den Stack wird nach
dem LIFO-Prinzip zugegriffen: Last in - First Out; das als letztes gespeicherte Element kann als erstes Element wieder entfernt werden.

Der Stack ist eine elementare Speicherungsform in der Informatik. Er läßt
sich über einen String simulieren. Das Programm Stack1 zeigt dazu die
grundlegenden Abläufe auf:
- Stringvariable namens mStack als simulierter Stack.
- Menüwahl 1: mStack muß zuerst als Leerstring zugewiesen werden.
  Der String kann dann maximal 254 Zeichen aufnehmen.
- Menüwahl 2: mStack = mEintrag + mStack speichert mEintrag
  oben auf dem Stack namens mStack ab (LIFO). mStack = mStack +
  mEintrag würde unten speichern (FIFO).
- Menüwahl 4: Funktion AT() liefert entweder die Suchposition oder
  aber Null (falls nicht gefunden).
- Menüwahl 5: SUBSTR() ohne Längenangabe entnimmt alle Zei-
  chen bis zum Ende des Quellstrings.

```
* ====== Programm Stack1
* Stack (Stapelspeicher, LIFO-Speicher) über einen String simulieren
CLEAR
SET TALK OFF
mWahl = '9'
DO WHILE mWahl <> '0'
   ACCEPT '0=End 1=Neu 2=Schreibe 3=Lies 4=Einmal-Lies 5=Lösche? ' TO mWahl
   DO CASE
     CASE mWahl = '1'
       mStack = ''
```

```
          ? 'Stack leer mit Länge ',LEN(mStack)
       CASE mWahl = '2'
         ACCEPT 'Am Anfang des Stack (oben) zu speichernder Eintrag? ' TO mEintrag
         IF LEN(mStack + mEintrag) > 254
           ? 'Stacküberlauf, da Stacklänge = ',LEN(mStack)
         ELSE
           mStack = mEintrag + mStack            && Hinzufügen über Stringverkettung
         ENDIF
       CASE mWahl = '3'
         ? mStack
         ? 'Stacklänge: ',LEN(mStack)
       CASE mWahl = '4'
         ACCEPT 'Einmalig zu suchender Eintrag? ' TO mEintrag
         mPosition = AT(mEintrag,mStack)
         IF mPosition = 0
           ? mEintrag,' nicht gefunden.'
         ELSE
           ? mEintrag,' gefunden ab Position ',mPosition
         ENDIF
       CASE mWahl = '5'
         INPUT 'Wieviele Stellen am Anfang des Stack löschen? ' TO mLaenge
         mEintrag = SUBSTR(mStack,1,mLaenge)
         ? mEintrag,' wird vom Stack gelöscht.'
         mStack = SUBSTR(mStack,mLaenge + 1)
         IF LEN(mStack) = 0
           ? '... der Stack ist jetzt leer.'
         ENDIF
     ENDCASE
ENDDO
? 'Programmende Stack1.'
RETURN
```

```
. DO Stack1
0=End 1=Neu 2=Schreibe 3=Lies 4=Einmal-Lies 5=Lösche? 1
Stack leer mit Länge        0
0=End 1=Neu 2=Schreibe 3=Lies 4=Einmal-Lies 5=Lösche? 2
Am Anfang des Stack (oben) zu speichernder Eintrag? Klaus
0=End 1=Neu 2=Schreibe 3=Lies 4=Einmal-Lies 5=Lösche? 2
Am Anfang des Stack (oben) zu speichernder Eintrag? Tilli
0=End 1=Neu 2=Schreibe 3=Lies 4=Einmal-Lies 5=Lösche? 3
TilliKlaus
Stacklänge:        10
0=End 1=Neu 2=Schreibe 3=Lies 4=Einmal-Lies 5=Lösche? 2
Am Anfang des Stack (oben) zu speichernder Eintrag? Lisa
```

```
0=End 1=Neu 2=Schreibe 3=Lies 4=Einmal-Lies 5=Lösche? 3
LisaTilliKlaus
Stacklänge:           14
0=End 1=Neu 2=Schreibe 3=Lies 4=Einmal-Lies 5=Lösche? 4
Einmalig zu suchender Eintrag? Till
Till  gefunden ab Position          5
0=End 1=Neu 2=Schreibe 3=Lies 4=Einmal-Lies 5=Lösche? 5
Wieviele Stellen am Anfang des Stack löschen? 4
Lisa  wird vom Stack gelöscht.
0=End 1=Neu 2=Schreibe 3=Lies 4=Einmal-Lies 5=Lösche? 3
TilliKlaus
Stacklänge:           10
0=End 1=Neu 2=Schreibe 3=Lies 4=Einmal-Lies 5=Lösche? 99
0=End 1=Neu 2=Schreibe 3=Lies 4=Einmal-Lies 5=Lösche? 5
Wieviele Stellen am Anfang des Stack löschen? 16
TilliKlaus  wird vom Stack gelöscht.
... der Stack ist jetzt leer.
0=End 1=Neu 2=Schreibe 3=Lies 4=Einmal-Lies 5=Lösche? 3
Stacklänge:            0
0=End 1=Neu 2=Schreibe 3=Lies 4=Einmal-Lies 5=Lösche? 0
Programmende Stack1.
```

Zugriff auf einen String gemäß LIFO- und FIFO-Prinzip:
Ergänzend zu Programm Stack1 dient das Programm Stack2 zur Demonstration weiterer Zugriffstechniken auf einen Speicher bzw. auf eine Stringvariable mStack.

- Menüwahl 2: In dBASE Speicherüberlauf bei mehr als 254 Zeichen in einem String.
- Menüwahl 2: Demonstration aller vier Speicherungsmöglichkeiten:
    1. Anhängen (FIFO) mit Stringaddition mStack=mStack+mEintrag.
    2. Einfügen mit Überschreiben bzw. Overwrite.
    3. Einfügen mit Verdrängen bzw. Insert.
    4. Am Anfang hinzufügen (LIFO) siehe Programm Stack1.
- Menüwahl 4: Teilstring wiederholt suchen über SUBSTR() in einer Suchschleife.
- Menüwahl 5: Löschen innerhalb des Speichers über STUFF.
- Menüwahl 6: Löschen am Speicherende über SUBSTR.

```
* ====== Programm Stack2
* Nicht-Stack-Speicherung (z.B. FIFO-Speicher) über einen String simulieren
CLEAR
SET TALK OFF
mWahl = '9'
```

```
DO WHILE mWahl <> '0'
  ACCEPT '0=End 1=Neu 2=Schreib 3=Lies 4=Mehrmals-Lies 5=Mitte-Lösche 6=Ende-
Lösche? ' TO mWahl
  DO CASE
    CASE mWahl = '1'
      mStack = ''
      ? 'Speicher leer mit Länge 0.'
    CASE mWahl = '2'
      ACCEPT 'Zu schreibender Eintrag? ' TO mEintrag
      IF LEN(mStack + mEintrag) > 254        && Stringlänge maximal 254 Zeichen
        ? 'Speicherüberlauf, da Länge = ',LEN(mStack)
      ELSE
        INPUT 'Einfügestelle (0 für Anhängen/FIFO)? ' TO mPosition
        IF mPosition = 0
          mStack = mStack + mEintrag         && Anhängen über Stringverkettung
        ELSE
          ACCEPT 'Overwrite (Überschreibe), Insert (Einfüge) (O/I)? ' TO mOver
          IF mOver $ 'oO'
            mStack = STUFF(mStack,mPosition,LEN(mEintrag),mEintrag)
          ELSE
            mStack = SUBSTR(mStack,1,LEN(mStack)-mPosition-1) + ;
                         mEintrag + SUBSTR(mStack,mPosition)
          ENDIF
        ENDIF
      ENDIF
    CASE mWahl = '3'
      IF LEN(mStack)=0
        ? 'Der Speicher ist derzeit leer mit Länge 0.'
      ELSE
        ? mStack
        ? 'Stacklänge: ',LEN(mStack)
      ENDIF
    CASE mWahl = '4'
      ACCEPT 'Mehrmals zu suchender Eintrag? ' TO mEintrag
      mLaenge = LEN(mEintrag)
      mPosition = 1
      mAnzahl = 0
      DO WHILE mPosition <= (LEN(mStack) - mLaenge + 1)
        IF SUBSTR(mStack,mPosition,mLaenge) = mEintrag
          ? mEintrag,' gefunden ab Position ',mPosition
          mAnzahl = mAnzahl + 1
        ENDIF
        mPosition = mPosition + 1
      ENDDO
      IF mAnzahl = 0
```

```
        ? mEintrag,' nicht im Speicher vorhanden.'
      ELSE
        ? mAnzahl,' mal gefunden.'
      ENDIF
    CASE mWahl = '5'
      INPUT 'Ab welcher Position löschen? ' TO mPosition
      INPUT 'Wieviele Stellen löschen? ' TO mLaenge
      mStack = STUFF(mStack,mPosition,mLaenge,'')
      IF LEN(mStack) = 0
        ? '... der Stack ist jetzt leer.'
      ENDIF
    CASE mWahl = '6'
      INPUT 'Wieviele Stellen am Speicherende löschen? ' TO mLaenge
      mPosition = LEN(mStack) - mLaenge
      ? SUBSTR(mStack,mPosition + 1),' wird gelöscht.'
      mStack = SUBSTR(mStack,1,mPosition)
  ENDCASE
ENDDO
? 'Programmende Stack2.'
RETURN
```

```
. DO Stack2
0=End 1=Neu 2=Schreib 3=Lies 4=Mehrmals-Lies 5=Mitte-Lösche 6=Ende-Lösche? 1
Speicher leer mit Länge 0.
0=End 1=Neu 2=Schreib 3=Lies 4=Mehrmals-Lies 5=Mitte-Lösche 6=Ende-Lösche? 2
Zu schreibender Eintrag? Heidelberg
Einfügestelle (0 für Anhängen/FIFO)? 0
0=End 1=Neu 2=Schreib 3=Lies 4=Mehrmals-Lies 5=Mitte-Lösche 6=Ende-Lösche? 2
Zu schreibender Eintrag? Freiburg
Einfügestelle (0 für Anhängen/FIFO)? 0
0=End 1=Neu 2=Schreib 3=Lies 4=Mehrmals-Lies 5=Mitte-Lösche 6=Ende-Lösche? 3
HeidelbergFreiburg
Stacklänge:        18
0=End 1=Neu 2=Schreib 3=Lies 4=Mehrmals-Lies 5=Mitte-Lösche 6=Ende-Lösche? 4
Mehrmals zu suchender Eintrag? ei
ei  gefunden ab Position        2
ei  gefunden ab Position       13
        2  mal gefunden.
0=End 1=Neu 2=Schreib 3=Lies 4=Mehrmals-Lies 5=Mitte-Lösche 6=Ende-Lösche? 5
Ab welcher Position löschen? 15
Wieviele Stellen löschen? 4
0=End 1=Neu 2=Schreib 3=Lies 4=Mehrmals-Lies 5=Mitte-Lösche 6=Ende-Lösche? 3
HeidelbergFrei
Stacklänge:        14
```

```
0=End 1=Neu 2=Schreib 3=Lies 4=Mehrmals-Lies 5=Mitte-Lösche 6=Ende-Lösche? 5
Ab welcher Position löschen? 7
Wieviele Stellen löschen? 4
0=End 1=Neu 2=Schreib 3=Lies 4=Mehrmals-Lies 5=Mitte-Lösche 6=Ende-Lösche? 3
HeidelFrei
Stacklänge:          10
0=End 1=Neu 2=Schreib 3=Lies 4=Mehrmals-Lies 5=Mitte-Lösche 6=Ende-Lösche? 6
Wieviele Stellen am Speicherende löschen? 4
Frei  wird gelöscht.
0=End 1=Neu 2=Schreib 3=Lies 4=Mehrmals-Lies 5=Mitte-Lösche 6=Ende-Lösche? 6
Wieviele Stellen am Speicherende löschen? 222
 wird gelöscht.
0=End 1=Neu 2=Schreib 3=Lies 4=Mehrmals-Lies 5=Mitte-Lösche 6=Ende-Lösche? 3
Der Speicher ist derzeit leer mit Länge 0.
0=End 1=Neu 2=Schreib 3=Lies 4=Mehrmals-Lies 5=Mitte-Lösche 6=Ende-Lösche? 0
Programmende Stack2.
```

Aufgaben zu Abschnitt 1.5.1

1. Zu welcher Bildschirmausgabe führt das Programm ASCII_1?

```
* ====== Programm ASCII_1
* Zeichen 0-127 und dann 128-255 gemäß ASCII als Tabellen anzeigen
SET TALK OFF
CLEAR
Zei = 0
Weiter = .T.
a 1,0 SAY 'Zeichen 0 - 127 gemäß ASCII:'
z = 2
DO WHILE Weiter
  z = z + 1
  s = 0
  DO WHILE Weiter .AND. s < 70
    a z,s SAY STR(Zei,3) + ' ' + CHR(Zei)
    Zei = Zei + 1
    DO CASE
      CASE Zei = 256
        Weiter = .F.
      CASE Zei = 128                              OTHERWISE
        WAIT                                         s = s + 7
        CLEAR                                      ENDCASE
        a 1,0 SAY 'Zeichen 128 - 255 gemäß ASCII:'  ENDDO
        s = 100                                   ENDDO
        z = 2                                     RETURN
```

1.5.2   Array zur Tabellenverarbeitung

1.5.2.1 Eindimensionaler und zweidimensionaler Array

Array als strukturierte Speichervariable:
Einfache Speichervariablen nehmen nur einen Wert auf, der vom Datentyp Z, N, F, D oder L sein kann. Ab dBASE IV können auch strukturierte Speichervariablen verarbeitet werden (vgl. auch Abschnitt 2.1).
- Arrays können eindimensional (als Folge mit einer Zeile und mehreren Spalten) oder zweidimensional (als Tabelle mit mehreren Zeilen und Spalten) vereinbart werden.
- Die Elemente eines Arrays können unterschiedliche Datentypen aufweisen: Z, N, F, D bzw. L. *Hinweis: Anders als z.B. bei Pascal können die Datentypen der Array-Elemente also "gemischt" sein.*

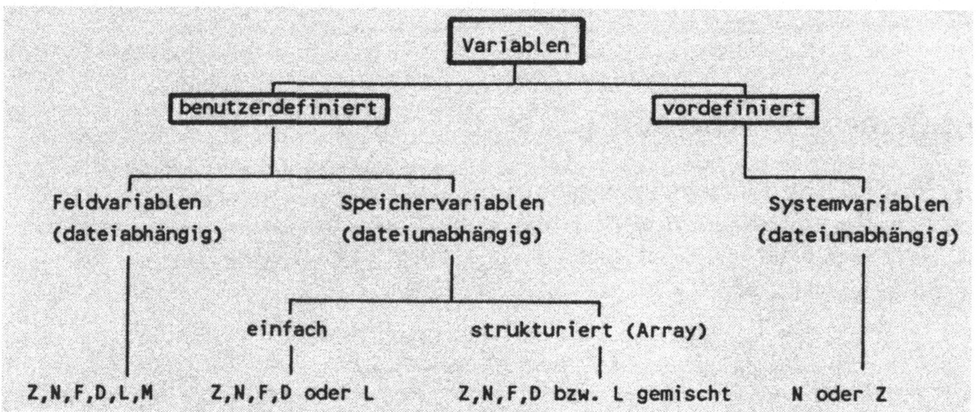

Übersicht der Typen von Variablen unter dBASE IV

Array explizit vereinbaren bzw. deklarieren:
- Eine einfache Speichervariable wird implizit vereinbart, und zwar durch die erste Wertzuweisung.
- Ein Array als strukturierte Speichervariable muß stets explizit durch die DECLARE-Anweisung vereinbart werden.

- *Vereinbarung mit einer Dimension:* Mit

```
DECLARE KundArr[10]
```

wird ein eindimensionaler 10-Elemente-Array namens KundArr deklariert, den man sich in 10 Zeilen oder 10 Spalten vorstellen kann. Der Arrayname kann bis zu 10 Stellen lang sein.

- Vereinbarung mit zwei Dimensionen:

```
DECLARE KundArr[10,3]
```

richtet einen 30-Elemente-Array ein, den man sich in 10 Zeilen und 3 Spalten angeordnet vorstellen kann.

Zugriff auf das Element eines Arrays:
Auf jedes einzelne Element eines Arrays kann man - wie bei der einfachen Speichervariablen auch - lesend (über SAY, ?) und schreibend (über = als Zuweisung, ACCEPT, INPUT, SAY-GET) zugreifen. Dazu ist in eckigen Klammern hinter dem Arraynamen der Index exakt anzugeben:

```
KundArr[3,2] = 295.60
```

weist dem Element in Zeile 3 und Spalte 2 der Wert 295.60 zu.

```
INPUT TO KundArr[z,s]
```

wartet auf eine Tastatureingabe und legt sie dann im Array KundArr in Zeile z und Spalte s im RAM ab. z, s werden als *Indexvariablen* bezeichnet, da sie die Position im Array anzeigen bzw. indizieren. Indexvariablen werden über Schleifen verarbeitet. Das folgende Programmstück

```
z = 1                         1. Anfangswert für Indexvariable
DO WHILE z < 10               2. Indexvariable abfragen
  KundArr[z,2] = 999          3. Array indizieren
  z = z + 1                   4. Indexvariable erhöhen
ENDDO
```

speichert in den Zeilen 1-9 und Spalte 2 von Array KundArr jeweils den Wert 999 ab.

1.5.2.2 Datenübertragung zwischen Datei und Array

Zur Übertragung von Datenfeldern zwischen der DBF-Datei auf Diskette bzw. Festplatte und dem Array im RAM stellt dBASE die zwei Anweisungen COPY TO ARRAY und APPEND FROM ARRAY bereit.

Leseanweisung COPY TO ARRAY:
  - Lesen von DBF-Datei in den Array bzw. in den RAM.

- Übertragung ab dem ersten Datenfeld des ersten Satzes der Datei.
- Übertragung bis zum Ende der Datei, also bis EOF(), oder aber bis zum Ende des Arrays, also bis zur letzten deklarierten Zeile.
- Somit bestimmt die kürzere Datenstruktur (DBF-Datei bzw. Array) die Datenübertragung.

Schreibanweisung APPEND FROM ARRAY:
- Schreiben in die DBF-Datei vom RAM bzw. Array.
- Übertragung zum ersten freien Datensatz der Datei: der Inhalt des Arrays wird an das Ende der DBF-Datei angehängt.
- Ist der Array schmaler als die DBF-Datei, so bleiben die restlichen Datenfelder unbelegt (Leerfelder).

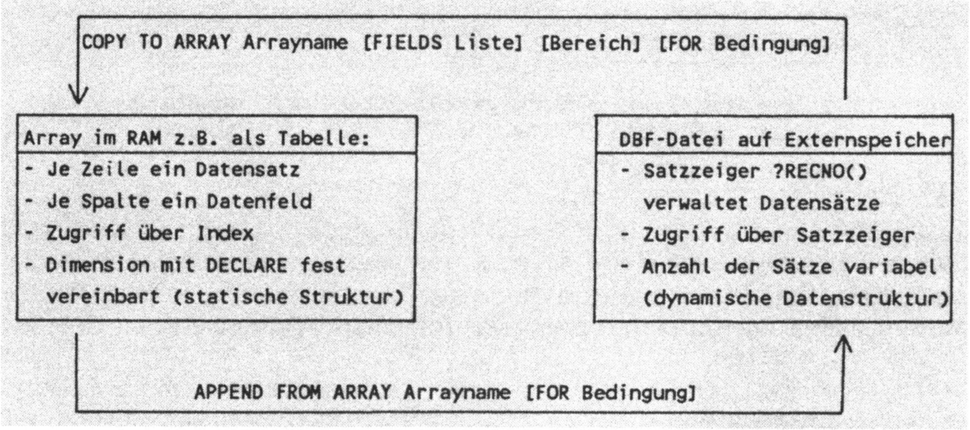

Leseanweisung COPY TO und Schreibanweisung APPEND FROM

Anwendungsbeispiel COPY TO ARRAY KundArr zum Lesen von Datei:
In der Datei Kunden1.DBF seien derzeit nur zwei Datensätze gespeichert. Mit der Anweisung COPY TO ARRAY KundArr wird die Datei komplett in den Array namens KundArr eingelesen werden. Über die Option FIELDS Name werden nur die Inhalte der Name-Datenfelder eingelesen.

```
KundArr als zweidimensionaler Array          KundArr als eindimensionaler Array
mit 2 Zeilen und 3 Spalten (6 Elementen):    mit 2 Spalten (2 Elementen):


. DECLARE KundArr[2,3]                        . DECLARE KundArr[2]
. USE Kunden1                                 . USE Kunden1
. COPY TO ARRAY KundArr                       . COPY TO ARRAY KundArr FIELDS Name

    101    Frei       6500                          Frei
    104    Maucher    295,60                        Maucher
```

Kontrolle der Speichervariablen durch DISPLAY MEMORY:
Gibt man nach COPY TO ARRAY KundArr die Anweisung DISPLAY
MEMORY ein, wird über die Wertbelegung von KundArr als PUBLIC-
Variable mit 6 Elementen vom Typ N)umerisch bzw. C)haracter (Zeichen)
wie folgt informiert:

```
. DISPLAY MEMORY    — — — — — — — —
KUNDARR      public  A  [5, 3]
   [1, 1]    elem  C  "101 "
   [1, 2]    elem  C  "Frei                    "
   [1, 3]    elem  N        6500   (6500,000000000000000)
   [2, 1]    elem  C  "104 "
   [2, 2]    elem  C  "Maucher                 "
   [2, 3]    elem  N         295,60  (295,6000000000000000)
```


1.5.2.3 Eine DBF-Datei über einen Array verarbeiten

Auf die Elemente eines Arrays kann schnell zugegriffen werden: Der Zugriff erfolgt über Indizes bzw. Indexvariablen und schnell, da der Array
im RAM verfügbar ist.

*Auf die Elemente einer DBF-Datei wird vergleichsweise langsam zugegrif-
fen:* Das Lesen erfolgt über den Satzzeiger, es muß jeweils ein Datensatz
zwischen Externspeicher (Diskette bzw. Festplatte) und RAM (Internspei-
cher) übertragen werden.

Datensatzweise Datenverkehr: Dabei ist bei jedem Zugriff auf einen Datensatz dieser zwischen RAM und Externspeicher zu übertragen (Lesen
z.B. mit DISPLAY und Schreiben z.B. mit APPEND).

Dateiweiser Datenverkehr: Insbesondere bei rechenintensiven Verarbeitun-
gen einer Datei kann es von Vorteil sein, wenn man die gesamte Datei in
einen Array einliest, die Tabelle im RAM verarbeitet und dann die Datei
ggf. wieder auf den Externspeicher zurückschreibt. Man bezeichnet dies
als dateiweisen Datenverkehr.

```
Datenverkehr datensatzweise:           Datenverkehr dateiweise:
- Jeweils ein Datensatz zwischen       - Gesamte DBF-Datei zu Beginn in
  RAM und Externspeicher übertragen.     RAM übertragen.
- Im RAM befindet sich jeweils nur     - Gesamte Datei am Arbeitsende
  ein Satz: der aktive Datensatz.        auf Diskette schreiben.
- Vorteil: Datei beliebig groß.        - Vorteil: kurze zugriffszeit.
```

Datenverkehr datensatzweise und dateiweise

Dateiweiser Datenverkehr am Beispiel von Programm Array1:
Die Datei Kunden1.DBF wird komplett (z.B. mit 5 Sätzen) in den RAM
eingelesen, dort verarbeitet und dann wieder auf Diskette geschrieben:
- *Datei komplett einlesen:* Mit COPY TO ARRAY KundArr wird der
  Inhalt der Datei in den Array KundArr eingelesen. Über REC-
  COUNT() wird zuvor die erforderliche Anzahl von Zeilen für den
  Array erfragt. Ein Erweitern der Datei ist somit in diesem Beispiel
  nicht möglich.
- *Datei im Array bzw. RAM verarbeiten:* Die zwei Schleifen zum Le-
  sen und Ändern im Array verdeutlichen, daß die Verarbeitung des
  Arrays einerseits schnell erfolgen kann, daß andererseits aber auf
  so bequeme (weil mächtige) Anweisungen wie DISPLAY bzw. RE-
  PLACE verzichtet werden muß.
- *Datei komplett auf Diskette zurückschreiben:* Vor dem Schreiben
  mit APPEND FROM KundArr wird die (alte) DBF-Datei auf Diskette mit DELETE ALL logisch und mit PACK physisch gelöscht.
  Ohne diesen Löschvorgang würde der Inhalt der Arrays KundArr
  an die (alte) DBF-Datei angehängt.

dBASE-Quelltext zu Programm Array1:

```
* ====== Programm Array1
* Dateiweiser Datenverkehr am Beispiel von Kunden1.DBF und Array KundArr
*
CLEAR
SET TALK OFF
USE Kunden1                                  && SatzAnzahl bestimmt die
SatzAnzahl = RECCOUNT()                      && Anzahl der Array-Zeilen
? SatzAnzahl,' Sätze aus Datei in Array einlesen.'
DECLARE KundArr[SatzAnzahl,3]                && Array vereinbaren
COPY TO ARRAY KundArr                        && Datei in Array kopieren
mWahl = '9'
DO WHILE mWahl <> '0'
  ? '0  Ende'
  ? '1  Alle Sätze anzeigen'
  ? '2  Einen Satz ändern'
  ACCEPT 'Wahl? ' TO mWahl
  DO CASE
    CASE mWahl = '1'
      ? '  Kundennummer:   Kundenname:                    Umsatz:'
      S = 1
```

```
            DO WHILE S <= SatzAnzahl
              ? STR(S,2),KundArr[S,1],SPACE(10),KundArr[S,2],KundArr[S,3]
              S = S + 1                               && Indexvariable S
            ENDDO
          CASE mWahl = '2'
            INPUT 'Satznummer? ' TO SSuch
            IF SSuch <= SatzAnzahl
              INPUT 'Umsatzänderung? ' TO UmsatzAend
              KundArr[SSuch,3] = KundArr[SSuch,3] + UmsatzAend
              ? KundArr[SSuch,2],' jetzt mit: ',KundArr[SSuch,3]
            ENDIF
        ENDCASE
        ?
    ENDDO
    ACCEPT 'Array in Datei neu speichern (j/n)? ' TO mJN
    IF mJN = 'j'
      ? 'Sätze aus RAM auf Diskette übertragen.'
      DELETE ALL                                     && Sätze in Datei löschen
      PACK
      APPEND FROM ARRAY KundArr                      && Array aus dem RAM in
    ELSE                                             && Datei auf Disk ablegen
      ? 'Datei bleibt unverändert.'
    ENDIF
    USE
    ? 'Programmende Array1.'
    RETURN
```

Ausführung zu Programm Array1 (Datei Kunden1 mit 5 Sätzen):

```
. DO Array1
        5  Sätze aus Datei in Array einlesen.
0  Ende
1  Alle Sätze anzeigen
2  Einen Satz ändern
Wahl? 1
   Kundennummer:     Kundenname:                Umsatz:
  1 101              Frei                       6500
  2 104              Maucher                    295,60
  3 109              Hildebrandt                4990,05
  4 110              Amann                      1018,75
  5 107              Schulte-Tillmann           109000


0  Ende
1  Alle Sätze anzeigen
```

```
2  Einen Satz ändern
Wahl? 2

Satznummer? 3

Umsatzänderung? 1002
Hildebrandt            jetzt mit:          5992,05


0  Ende
1  Alle Sätze anzeigen
2  Einen Satz ändern
Wahl? 1
     Kundennummer:    Kundenname:                   Umsatz:
  1 101              Frei                          6500
  2 104              Maucher                        295,60
  3 109              Hildebrandt                   5992,05
  4 110              Amann                         1018,75
  5 107              Schulte-Tillmann              109000


0  Ende
1  Alle Sätze anzeigen
2  Einen Satz ändern
Wahl? 0
Array in Datei neu speichern (j/n)? j
Sätze aus RAM auf Diskette übertragen.
Programmende Array1.
```


Belegung von Speichervariablen durch DISPLAY MEMORY anzeigen:
Mit der Ausführung der RETURN-Anweisung von Programm Array1-
.PRG werden alle Speichervariablen im RAM gelöscht - also auch der
Array KundArr. Fügt man in Programm Array1.PRG vor RETURN die
Anweisung DISPLAY MEMORY ein, erhält man folgende Übersicht:
- KundArr hat nun den Status PRIVATE (vgl. KundArr als PUB-
  LIC-Variable in Abschnitt 3.7.2.2).
- Für den Gültigkeitsbereich der Variablen wird jeweils das Pro-
  gramm Array1.PRG angegeben.


```
DISPLAY MEMORY

MJN          private C  "j"   ARRAY1 @ array1.prg
UMSATZAEND   private N           101  (101,0000000000000000)   ARRAY1 @ array1.prg
SSUCH        private N             3  (3,00000000000000000)    ARRAY1 @ array1.prg
S            private N             6  (6,00000000000000000)    ARRAY1 @ array1.prg
MWAHL        private C  "0"   ARRAY1 @ array1.prg
KUNDARR      private A  [5, 3]
    [1, 1]   elem  C  "101 "   ARRAY1 @ array1.prg
```

```
[1, 2]   elem  C  "Frei                 "   ARRAY1 @ array1.prg
[1, 3]   elem  N          6500  (6500,000000000000000)   ARRAY1 @ array1.prg
[2, 1]   elem  C  "104 "   ARRAY1 @ array1.prg
[2, 2]   elem  C  "Maucher              "   ARRAY1 @ array1.prg
[2, 3]   elem  N           295,60  (295,6000000000000000)  ARRAY1 @ array1.prg
[3, 1]   elem  C  "109 "   ARRAY1 @ array1.prg
[3, 2]   elem  C  "Hildebrandt          "   ARRAY1 @ array1.prg
[3, 3]   elem  N          5992,05  (5992,050000000000000)  ARRAY1 @ array1.prg
[4, 1]   elem  C  "110 "   ARRAY1 @ array1.prg
[4, 2]   elem  C  "Amann                "   ARRAY1 @ array1.prg
[4, 3]   elem  N          1018,75  (1018,750000000000000)  ARRAY1 @ array1.prg
[5, 1]   elem  C  "107 "   ARRAY1 @ array1.prg
[5, 2]   elem  C  "Schulte-Tillmann     "   ARRAY1 @ array1.prg
[5, 3]   elem  N          109000  (109000,0000000000000)  ARRAY1 @ array1.prg
```

1.5.2.4 Array und DBF-Datei verschiedener Größe

Überträgt man Daten zwischen Array (RAM) und DBF-Datei (Externspeicher), dann ergeben sich besondere Probleme immer dann, wenn die
Datenstrukturen unterschiedlich groß sind. Dazu folgende Beispiele
anhand des Arrays KundArr und der DBF-Datei Kunden1:

DECLARE vergibt .F. als Anfangswerte im Array:
Nach der Vereinbarung weisen die Arrayelemente den Datentyp *Logisch*
auf; dBASE besetzt jedes Element automatisch mit dem Anfangwert .F..

```
. DECLARE KundArr[5,3]          .F.      .F.      .F.
. ? KundArr[1,1]                .F.      .F.      .F.
  .F.                           .F.      .F.      .F.
                                .F.      .F.      .F.
                                .F.      .F.      .F.
```

COPY ohne FIELDS-Option:
COPY kopiert den Inhalt der DBF-Datei, bis entweder EOF() erreicht
oder bis die letzte Zeile des Arrays belegt ist. Es gilt stets "die kleinere
Datenstruktur begrenzt die Datenübertragung".

```
. USE Kunden1                   101   Frei               6500
. COPY TO ARRAY KundArr         104   Maucher            295,60
  5 Sätze kopiert               109   Hildebrandt        4990,05
                                110   Amann              1018,75
                                107   Schulte-Tillmann   109000
```

COPY mit FIELDS-Option:
FIELDS Umsatz kopiert die Umsatz-Felder in die erste Spalte des Arrays.
Die bisherigen Werte werden überschrieben und der Datentyp in der ersten Spalte wird angeglichen. Die Spalten 1 und 3 des Arrays KundArr
sind nunmehr identisch:

```
. COPY TO ARRAY KundArr FIELDS Umsatz
 5 Sätze kopiert                 6500       Frei               6500
                               295,60       Maucher          295,60
                              4990,05       Hildebrandt      4990,05
                              1018,75       Amann            1018,75
                               109000       Schulte-Tillmann 109000
```

COPY mit FIELDS-Option und FOR-Option:
Mit FOR Umsatz>4000 werden nur drei Datensätze kopiert, wobei die
drei Namen in der ersten Spalte in den KundArr-Elementen [1,1]. [1,2]
und [1,3] abgelegt werden.

```
. COPY TO ARRAY KundArr FIELDS Name FOR Umsatz > 4000
 3 Sätze kopiert        Frei              Frei               6500
                        Hildebrandt       Maucher          295,60
                        Schulte-Tillmann  Hildebrandt      4990,05
                        1018,75           Amann            1018,75
                        109000            Schulte-Tillmann 109000
```

Re-Deklaration erlaubt:
Nach erneuter Vereinbarung mit DECLARE wird der Array gelöscht, in
der angegebenen Dimension neu eingerichtet und wiederum mit .F. belegt:

```
. DECLARE KundArr[2,3]
```

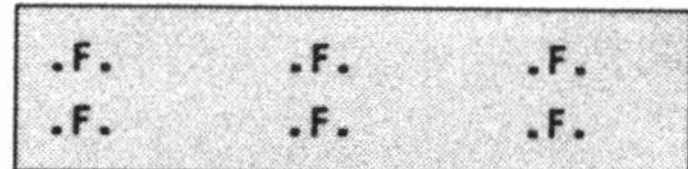

Array aus dem RAM löschen:
Zum Löschen des Arrays KundArr können folgende Anweisungen einge-
geben werden:
- CLEAR MEMORY (den gesamten Inhalt des Speicherbereichs lö-
  schen, alle Speichervariablen)
- CLEAR ALL (auch alle Dateien schließen)
- RELEASE ALL (alle Speichervariablen)
- RELEASE KundArr (gezielt nur die angegebene Speichervariable)
- RELEASE ALL LIKE K* (alle mit "K" beginnenden Variablen)
- RELEASE ALL EXCEPT Art* (alle ausgenommen die mit "Art"
  beginnenden Variablen)

1.5.2.5 In den Array berechnen mit CALCULATE

Ab dBASE IV lassen sich über die Anweisung

```
CALCULATE Funktionsliste TO ARRAY Arrayname
```

Berechnungen in der aktiven DBF-Datei durchführen und die Ergebnisse sofort im genannten Array speichern. Mit der Anweisungsfolge

```
. DECLARE KundWert[4]
. USE Kunden1
. CALCULATE MAX(Umsatz),MIN(Umsatz),AVG(Umsatz),SUM(Umsatz) TO KundWert
```

werden Maximum, Minimum, arithmetischer Mittelwert und Summe aller Kundenumsätze der DBF-Datei Kunden1 berechnet und im Array Kund-Wert abgelegt. Die Funktionen SUM(), MIN() und MAX() können selbständig eingesetzt werden, die übrigen Funktionen AVG(), CNT() (Häufigkeit), NPV() (Aktueller Wert; Net Present Value), STD() (Standardabweichung) und VAR (Varianz) sind nur mit CALCULATE verfügbar. Mit

```
. ? 'Der mittlere Umsatz beträgt: ',KundWert[3]
```

kann z.B. auf das 3. Arrayelement lesend zugegriffen werden.

Aufgaben zu Abschnitt 1.5.2

1. Entwickeln Sie die Prozeduren Zeigen1, Eingabe1, Eingabe2 und Summe1 zu Programm Array2 (Variablen: i als Indexvariable, Summe):

```
* ====== Programm Array2
* Elementare Verarbeitung eines eindimensionalen numerischen Arrays
CLEAR
SET TALK OFF
INPUT 'Anzahl der Elemente für Array Umsatz? ' TO iMax

DECLARE Umsatz[iMax]
mEnde = .F.
```

```
DO WHILE .NOT. mEnde
  ACCEPT 'Umsätze z)eigen, k)omplett e)inzeln eingeben s)umme ex)it? ' TO mWahl
  DO CASE
    CASE mWahl $ 'zZ'
      DO Zeigen1                  && Den Inhalt des Arrays anzeigen
    CASE mWahl $ 'kK'
      DO Eingabe1                 && Alle Umsätze sequentiell eintippen
    CASE mWahl $ 'eE'
      DO Eingabe2                 && Einen bestimmten Umsatz eintippen
    CASE mWahl $ 'sS'
      DO Summe1                   && Alle Elemente nach Summe aufsummieren
    CASE mWahl $ 'xX'             && sowie den Druchschnittsumsatz ermitteln
      mEnde = .T.
    OTHERWISE
      ? 'Bitte z, k, e, u oder x eingeben.'
  ENDCASE
ENDDO
? 'Ende von Programm Array2.'
RETURN
```

2. Programm Array3 speichert aus Kunden1.DBF in den Array Tabelle.
   a) Entwickeln Sie die Prozedur ZeilenAnzahl, um die Anzahl der belegten Zeilen in iAnzahl zu speichern (Tip: ein nicht belegtes Arrayelement hat den Wert .F. bzw. Datentyp L (TYPE() stellt fest)).
   b) Entwickeln Sie die Prozedur Anzeigen gemäß Ausführungsbeispiel.

```
* ====== Programm Array3
* Werte aus einer Datei in einen zweidimensionalen Array übernehmen und zeigen
iMax = 50                   && Maximalzahl für Index i
iAnzahl = 0                 && Anzahl belegter Zeilen bzw. Indizes
DECLARE Tabelle[iMax,2]     && Array mit iMax Zeilen und 2 Spalten

DO Einlesen
DO ZeilenAnzahl
DO Anzeigen
? 'Ende von Programm Array3.'
RETURN

PROCEDURE Einlesen
* Zwei Felder (Projektion) mit
* Auswahl (Selektion) in Array einlesen
USE Kunden1
COPY TO ARRAY Tabelle FIELDS Name,Umsatz FOR Umsatz > 50000
USE Kunden1
RETURN
```

```
. Do Array3
Anzahl belegter Zeilen des Arrays: 3
Inhalt der belegten Zeilen des Arrays:
Schulte-Tillmann      109000
Rohrbach                86900,25  0,25
Klaus-Schulte          130600,40
Ende von Programm Array3.
```

Informationstechnische Grundbildung
dBASE

2 Referenz zu dBASE	119
2.1 Grundlegende Definitionen von dBASE	121
2.2 Befehlsverzeichnis von dBASE	129
2.3 Funktionsverzeichnis von dBASE	145

2.1 Grundlegende Definitionen von dBASE

2.1.1 Feldvariablen

Datentypen für Feldvariablen (dateiabhängige Variablen): Typ *Zeichen* (Z, String), *Numerisch* (N, F), *Logisch* (L), *Datum* (D) oder *Memo*.

Feldvariablen vom Typ Zeichen (Z):
Alle darstellbaren Buchstaben, Ziffern, Sonderzeichen. Zeichen stehen zwischen " " oder ' '.
Datentyp Zeichen (engl.: Character) mit Z bzw. C abgekürzt. Maximale Feldlänge: 254 Zeichen.

Feldvariablen vom Typ Numerisch (N bzw. F):
Datentyp N für binär codierte Dezimalzahlen; kompatibel mit dem N-Typ unter dBASE III
PLUS. Datentyp F für Fließkommazahlen. Prinzip: Nur Felder, mit denen gerechnet wird, als
Numerisch vereinbaren. Feldlänge: Anzahl der Ziffern, ggf. zuzüglich Dezimalpunkt.

Feldvariablen vom Typ Datum (D):
Deutsches Datumsformat tt.mm.jj. Feldlänge stets 8 Zeichen.

Feldvariablen vom Typ Logisch (L):
Werte Wahr (True, .T., .Y., .J.) oder Unwahr (False, .F., .N.). Feldlänge stets ein Zeichen.

Feldvariablen vom Typ Memo (MEMO):
Memo-Felder zur Ablage großer Texte außerhalb der DBF-Datei. Feldlänge in der DBF-Datei
stets 10 Zeichen (für Zeigerverweis). Textumfang in gesonderter DBT-Hilfsdatei beliebig.

Vereinbarung von Feldvariablen erfolgt explizit: Felder werden im Zuge
der Eingabe der Dateistruktur über den Befehl CREATE vereinbart.

2.1.2 Speichervariablen

Datentypen für Speichervariablen: Möglich sind die Typen *Numerisch* (N, F), *Zeichen* (Z), *Logisch* (L) und *Datum* (D); MEMO-Typ nicht erlaubt.

Vereinbarung von einfachen Speichervariablen implizit:
Speichervariablen werden *implizit* mit der ersten Zuweisung vereinbart.

Vereinbarung von Arrays als strukturierten Speichervariablen explizit:
Eindimensionalen Array mUmsatz mit sieben Elementen vereinbaren, wobei DECLARE stets .F. als Anfangswerte für die Elemente vergibt:
```
DECLARE mUmsatz[7]
```
Zweidimensionalen 120-Elemente-Array mErgebnis mit 30 Zeilen und 4
Spalten als Tabelle vereinbaren:
```
DECLARE mErgebnis[30,4]
```

Zuweisung legt Datentypen der Elemente (können verschieden sein) fest:
```
mErgebnis[12,2] = 95500.50
```

Speichervariablen mit dem Status PUBLIC und PRIVATE: Speichervariablen sind überall bzw. global (PUBLIC) oder lokal bekannt (PRIVATE).

PRIVATE-Variablen als lokale Variablen:
```
PRIVATE [Speichervariablenliste / ALL] [LIKE / EXCEPT Maske]
```
Ausblenden-Regel: Der PRIVATE-Befehl dient zum zeitweiligen Ausblenden bzw. Verbergen von PUBLIC-Variablen.
Parameterübergabe: Variablen, denen über den PARAMETERS-Befehl Werte übergeben werden, sind PRIVATE.

PUBLIC-Variablen als globale Variablen:
```
PUBLIC Speichervariablenliste [/ARRAY Liste von Arrayelementen]
```
PUBLIC-Speichervariablen sind global gültig: Variablen bleiben nach dem Programmende für den Benutzer (Befehlsebene) bzw. für die aufgerufenen Programme im Speicherbereich erhalten.

Vorteilhafte Vereinbarung: Variablen, die am Beginn des Treiber- bzw. Hauptprogramms initialisiert werden, sind einerseits PRIVATE-Variablen, andererseits (wie PUBLIC-Variablen) in allen Programmteilen bekannt.

Standardstatus von Variablen:
Im Programm initialisierte Variablen haben den Status PRIVATE. Variablen, die am dBASE-Prompt "." initialisiert werden, sind PUBLIC.

Speichervariablen in MEM-Datei sicherstellen:
Variablendatei speichern: SAVE TO B:Sicher1 speichert alle Variablen in der Datei Sicher1.MEM in Laufwerk B: ab.
Variablendatei laden: RESTORE FORM B:Sicher1 lädt die Speichervariablen nach vorhergehendem Löschen des RAM. RESTORE FROM B:Sicher1 ADDITIVE verhindert das Löschen. Der Status wird nicht mit gespeichert; deshalb ist vor RESTORE ggf. der PUBLIC-Befehl anzugeben.

System-Speichervariablen ab dBASE IV:
System-Speichervariablen wie z.B. *_pageno* werden vom dBASE-System automatisch verwaltet und dienen der Kontrolle von Druck- und Bildschirmausgabe. Die Namen beginnen mit dem Unterstrich "_". Beim Systemstart werden die Variablen mit Defaults initialisiert. Die Variablen sind änderbar. CLEAR MEMORY und RELEASE haben jedoch keinen Einfluß auf sie. System-Speichervariablen werden wie Speichervariablen behandelt. Die Variablen eines Berichts (CREATE REPORT) bzw. Etiketts (CREATE LABEL) können in einer PRF-Datei (Print Form File) abgelegt werden.
Variablen zur Gestaltung der jeweiligen Ausgabe: _pageno, _pcolno, _pform, _plength, _plineno, _pspacing, _tabs.
Druckerspezifische Variablen: _padvance, _pdriver, _ploffset, _ppitch, _pquality, _pwait.

PRINTJOB-spezifische Variablen: _pbpage, _pcopies, _pecode, _peject, _pepage, _pscode.
Formatierungs-Spezifische Variablen: _alignment, _indent, _lmargin, _rmargin, _wrap.

2.1.3 Ausdrücke

Bestandteile eines Ausdrucks: Konstanten, Feldvariablen, Speichervariablen, Funktionen, Befehlsparameter, Operatoren bzw. besondere Zeichen.

Arithmetische Operatoren:
Operatoren +, -, *, /, ** (Potenzierung) und () (Einklammern). Anwendbar: auf Datentyp Numerisch (N, F). Rangfolge: von () (zuerst) bis + (zuletzt ausgeführt). Ergebnistyp: Numerisch.

Vergleichsoperatoren:
<, >, =, <> oder # (ungleich), <= und >=. Anwendbar: auf Datentypen Zeichen, Numerisch und Datum. Operanden müssen vom gleichen Typ sein. Ergebnistyp: Logisch, also .T. oder .F..

Stringoperatoren (Zeichenkettenoperatoren):
"+" als Verkettungsoperator: "Till"+"mann" ergibt "Tillmann". "$" als Substringoperator: "ill"$"Tillmann" ergibt .T. bzw. Wahr, da Teilstring "ill" in "Tillmann" enthalten ist. "-" als Verkettungsoperator: "Till "-"mann " ergibt "Tillmann   ". Ergebnistyp: wiederum Zeichen.

Logische Operatoren:
.AND. (logisch UND), .OR. (logisch ODER), .NOT. (Negation). Rangfolge: von .NOT. (zuerst ausgeführt) bis .AND. (zuletzt). Ergebnistyp: wiederum Logisch

Rangfolge der Operationen: Arithmetische Operationen (paarweise von links nach rechts), dann String-, Vergleichs- und logische Operationen.

2.1.4 Dateitypen

Grundlegende Dateitypen DBF (dBASE-Daten) und PRG (Programm).
Dateitypen als Default schreiben: CREATE z.B. erweitert Kunden1 zu Kunden1.DBF.
Dateitypen als Default lesen: MODIFY COMMAND KundLes1 sucht nach KundLes1.PRG.

Übersicht aller Dateitypen bis dBASE IV:
$$$	Temporäre Datei
BAK	Sicherung: Programm-, Prozedur-, Datendatei
BAR	Waagrechter Menüpunkt (CREATE APPLICATION)
BCH	Batch Datei des Applikations-Generator
BIN	Maschinensprache-Datei bzw. Binärdatei
CAT	CATALOG-Datei
COM	Ausführbare Befehlsdatei, DBASE.COM

CPT	Datei mit Paßwort-Information (Kryptologie)
CRP	Paßwort-Informations-Datei durch PROTECT
CVT	Konvertierungsdatei für Mehrbenutzerbetrieb
DB	Konfigurationsdatei CONFIG.DB
DB2	Umbenannte ehemalige dBASE II-Datei
DBF	Datendatei von dBASE (CREATE, Database File)
DBO	Compilierte Befehls- und Prozedurdatei
DBT	Memodatei (Database Text)
DEF	Selektor-Definitions-Datei
DIF	Data-Interchange-Format (APPEND FROM)
DOC	Dokumentations-Datei des Applikations-Generators
EXE	Ausführbare Befehlsdatei (Executable File)
FIL	File-Listing-Datei (CREATE APPLICATION)
FMO	Compilierte FMT-Datei
FMT	Von SCR-Datei generierte Formatdatei
FR3	Umbenannte FRM-Datei von dBASE II PLUS
FRG	Von FRM-Datei generierte Reportformdatei
FRM	Reportformdatei (CREATE REPORT)
FRO	Compilierte FRG-Datei
FW2	Importierte oder exportierte Framework-Datei
GEN	Template-Datei
KEY	Makro-Bibliotheks-Datei
LB3	Umbenannte LBL-Datei von dBASE III PLUS
LBG	Von einer LBL-Datei generierte Label-Datei
LBL	Label-Datei (CREATE LABEL)
LBO	Compilierte Label-Datei
LOG	Von TRANSACTION mitgeschriebene Protokoll-Datei
MDX	Mehrfachindex-Datei (Multiple Index)
MEM	Datei mit Speichervariablen (MEMORY)
NDX	Einfache Indexdatei (Index File)
POP	Pop-Up-Menü (CREATE APPLICATION)
PR2	Druckertreiber-Datei
PRF	Druckerformat-Datei
PRG	Programm-, Prozedur-Datei (MODI COMM)
PRS	Programm SQL (Structured Query Language)
PRT	Druckausgabe-Datei
QBE	Query-Datei (Query By Example, CREATE QUERY))
QBO	Compilierte QBE-Datei
QRY	Query-Datei
SC3	Umbenannte SCR-Datei von dBASE III PLUS
SCR	Bildschirmmasken-Datei (Screen, CREATE SCREEN)
STR	Struktur-Datei (CREATE APPLICATION)
T44	Von SORT, INDEX genutzte temporäre Datei
TBK	Back-Up-Datei einer Memo-Datei
SYS	Konfigurationsdatei CONFIG.SYS unter MS-DOS

TXT Textdatei im SDF-Format bzw. ASCII (Text File)
UPD Update-Datei einer QBE-Datei
UPO Compilierte UPD-Datei
VAL Werte-Liste-Datei (CREATE APPLICATION)
VUE Sicht-datei (View-Datei)
WIN Fenster-Speicherungs-Datei (WINDOW)
WKS Lotus 1-2-3-Datei (APPEND FROM, COPY TO)

Kompatibilität der Dateien bzw. Dateitypen:
dBASE III PLUS-Dateien in dBASE IV ausführbar (aufwärtskompatibel):

Quelltyp:	Objekttyp:	Dateiinhalt:	Abwärtskompatibel:	Name in III PLUS:
CAT		Catalog	ja	
DBF		Database File	ja	
DBT		Memo	ja	
SCR		Form, Design	nein	SC3
FMT	FMO	Form, Code Generation	nein	
FRM		Report, Design	nein	FR3
FRG	FRO	Report, Code Generation	nein	
LBL		Label, Design	nein	LB3
LBG	LBO	Label, Code Generation	nein	
QBE	QBO	Queries	nein	
UPD		Update Query	nein	
PRG	DBO	dBASE-Programm	ja	
PRS		SQL-Programm	nein	
GEN		Templates	nein	
KEY		Macros	nein	

2.1.5 Aufbau von Datei und Datensatz

Datei-Header (Dateivorsatz) mit CREATE ablegen (Header-Tabelle 1):

Byte:	Länge:	Bedeutung:
0	1 Byte	Bits 0-2 (Versionsnummer), 3-5 (SQL), 6-7 (Memo?)
1- 3	3 Byte	Datum im Format YYMMDD des letzten Updates
4- 7	32-bit	Anzahl der gespeicherten Datensätze
8- 9	16-bit	Anzahl der Bytes im Header
10-11	16-bit	Länge des Datensatzes
12-13	2 Byte	Reserviert
14	1 Byte	Merker 1 "TRANSACTION nicht beendet" oder 0
15	1 Byte	Merker 01H für Verschlüsselung, sonst 00H
16-27	12 Byte	Reserviert für dBASE IV-Netzwerk
28	1 Byte	Merker 01H "MDX-Datei im Zugriff", oder 00H
29-31	3 Byte	Reserviert
32-n	32 Byte	Feld-Beschreibungs-Array mit jeweils 32 Bytes Länge
n + 1	1 Byte	0DH als Zeichen für Feldende (n als letztes Byte des letzten Feld-Beschreibungs-Array)

Feld-Beschreibungs-Array (Header-Tabelle 2):

0-10	11 Byte	Feldname im ASCII
11	1 Byte	Datentyp des Feldes: C, D, F, L, M oder N
12-15	4 Byte	Reserviert
16	1 Byte	Feldlänge in binärer Form
17	1 Byte	Feld (dezimal) in binärer Form
18-19	2 Byte	Reserviert
20	1 Byte	Arbeitsbereichs-Identifikation
21-31	11 Byte	Reserviert

Datensatz-Aufbau:

Datensätze hinter dem Header (obige Tabellen 1 und 2) ablegen. 1. Byte als Leerzeichen (20H) bzw. als Stern (2AH), falls der Satz logisch gelöscht ist (siehe DELETE). Felder werden durch Trennzeichen und Satzendekennzeichen getrennt. Datenendekennzeichen ASCII-26 (1AH).

2.1.6 Verwaltung des Satzzeigers

Satzzeigerposition bei nicht-indizierter DBF-Datei: Ergebnisse der Funktionen RECNO(), EOF() und BOF() und Fehlerstatus (ERROR()):

BEFEHL:	RECNO()	EOF()	BOF()	Fehler
go top	1	.F.	.F.	N
go top; skip -n	1	.F.	.T.	N
go top; skip -n; skip m	m + 1	.F.	.F.	N,N
go top; skip -n; skip -m	1	.F.	.T.	N,J
go bottom	letzter + 1	.F.	.F.	N
go bottom; skip n	letzter - m + 1	.T.	.F.	N
go bottom; skip n; skip -m	letzter + 1	.F.	.F.	N,N
go bottom; skip n; skip m	letzter + 1	.T.	.F.	N,J
list	letzter + 1	.T.	.F.	N
locate for ... (gefunden)	n	.F.	.F.	N
locate for ... (nicht gefunden)	letzter + 1	.T.	.F.	J

Satzzeigerposition bei indizierter DBF-Datei: Die folgende Übersicht bezieht sich auf eine Datei, zu der ein Index (NDX bzw. MDX) geöffnet ist.

BEFEHL:	RECNO()	EOF()	BOF()	Fehler
go top	erster	.F.	.F.	N
go top; skip -n	erster	.F.	.T.	N
go top; skip -n; skip m	erster + m	.F.	.F.	N,N
go top; skip -n; skip -m	erster	.F.	.T.	N,J
go bottom	letzter + 1	.F.	.F.	N
go bottom; skip n	letzter + 1	.T.	.F.	N
go bottom; skip n; skip -m	letzter - m	.F.	.F.	N,N
go bottom; skip n; skip m	letzter + 1	.T.	.F.	N,J
list	letzter + 1	.T.	.F.	N
locate for ... (gefunden)	n	.F.	.F.	N
locate for ... (nicht gefunden)	letzter + 1	.T.	.F.	J
find bzw. seek ... (gefunden)	n	.F.	.F.	N
find bzw. seek ... (nicht gefunden)	letzter + 1	.T.	.F.	J

MDX als Mehrfachindex-Datei (bis 14 Indexeintragungen) ab dBASE IV:

Mehrere MDX-Dateien sind erlaubt. MDX- und NDX-Datei sind nebeneinander verwendbar.
Typ 1: Die MDX-Datei wird als externe Datei mit beliebigem Namen gespeichert. Beispiel:
Kunden1.DBF und Liste1.MDX. Typ 2: Die MDX-Datei wird als *Produktion-MDX-Datei*
über den USE-Befehl automatisch geöffnet und unter dem Namen der DBF-Datei gespeichert.
Eine solche MDX-Datei wird als Default bei jedem Öffnen einer DBF-Datei automatisch geöffnet. Beispiel: Kunden1.DBF und Kunden1.MDX. Bei NDX wie MDX kann auf- oder absteigend indiziert werden. Die Befehle für MDX- und NDX-Dateien sind gleich, nur daß keine externe NDX-Datei erzeugt, sondern ein Index in die angegebene MDX-Datei eingetragen wird.

2.1.7 Systemkonfiguration

Konfigurationsbefehle für CONFIG.DB ersetzen SET-Voreinstellungen:

```
BUCKET = KBytes        Speicherplatz für Format, PICTURE von 2 KB bis 31 KB
COMMAND = Befehl       Befehlsaufruf wie COMMAND=ASSIST oder COMMAND=DO ...
DO = Anzahl            Anzahl von DO-Schachtelungen angeben (Standard 20)
EEMS = ON/off          Extended/expanded Memory erreichen (erweiterter RAM)
EXPSIZE = Bytes        Pufferspeicher des Compilers für komplexe Ausdrücke
FASTCRT = OM/off       Schnee auf dem Bildschirm eliminieren
FILES=AnzahlOffenerDateien  Anzahl von 99 (Standard) auf 15 bis 99 festlegen
GETS = MaximalzahlVonGets   Anzahl von GETs im @-Befehl von 128 auf 35 bis 1023
INDEXBYTES = KBytes Puffer für Index im RAM von 2 KB (Default) bis 20 KB
PDRIVER = DruckertreiberName  Einen Druckertreiber auswählen
PRINTER Druckernummer = Dateiname [NAME Namensstring] [DEVICE Einheitenstring]
PROMPT = dBASEPromptzeichen   Prompt "." auf bis zu 19 Zeichen Länge ändern
RESETCRT = ON/off  Bei Rückkehr zu dBASE den Bildschirmmodus reaktivieren
SQL = on/OFF           SQL (Structured Query Language) aktivieren.
SQLDATABASE = SQLDateiname   Beim Systemstart eine SQL-Datei aufrufen
SQLHOME = Pfadname Den Pfad angeben, in dem die SQL-Dateien abgelegt sind
TEDIT = Texteditor Dateiname eines Editors für MODIFY COMMAND angeben
```

Befehle zur Speicherplatzreservierung im Format Befehl=Zahl:

	Default:	Min:	Max:	Speicherplatz bereitstellen für:
MVMAXBLKS	10	1	150	Memovariablen, Symbole Ausführungszeit
MVBLKSIZE	50	25	100	Anzahl von Memovariablen/Block
RTMAXBLKS	10	1	150	Run time-bezogenen Speicherplatz
RTBLKSIZE	50	25	100	
CTMAXSYMS	500	1	5000	Anzahl der Compile time-Symbols

Funktionstasten belegen über CONFIG.DB:

Tasten im Format *Fnummer = Belegungsstring* belegen. Voreinstellungen:
F1=HELP; F2=ASSIST; F3=LIST; F4=DIR; F5=DISPLAY STRUCTURE; F6=DISPLAY
STATUS; F7=DISPLAY MEMORY; F8=DISPLAY; F9=APPEND; F10=EDIT; Shift-F10 =
MACRO MENU.

2.1.8 READKEY-Codenummern

Nummer (keine Änderung):	Nummer (Änderung):	Taste:	Bedeutung:
0	256	Strg-S Strg-H <-	Zeichen zurück
-	256	Backspace	Zeichen zurück
1	257	Strg-D Strg-L ->	Zeichen vor
4	260	Strg-E Strg-K	Feld zurück
5	261	Strg-J Strg-X	Feld vor
6	262	Strg-R PgUp	Bild zurück
7	263	Strg-C PgDn	Bild vor
12	-	Strg-Q Esc	Abbruch
-	270	Strg-W Strg-Ende	Beenden
15	271	Return Strg-M	Return
16	-	Return Strg-M	bei APPEND-Start
33	289	Strg-Home	Bildschirm neu
34	290	Strg-PgUp	Zoom aus
35	291	Strg-PgDn	Zoom an
36	292	F1	Hilfe

2.1.9 Regie-Zentrum

Drei Nutzungsformen von dBASE:
1. Direkt-Modus: interaktiv, befehlsgesteuert, "."-Promptzeichen.
2. Menü-Modus: menügesteuert, Regie-Zentrum.
3. Programm-Modus: programmgesteuert, Befehl *DO Programmname.*

Regie-Zentrum (Control Center) für den Menü-Modus: Menügesteuerte Benutzeroberfläche mit drei Wahlpunkten *Katalog*, *Diverses* und *Ende* sowie sechs Befehlsfenstern:
- *dB-Dateien (Data)* für Datenbanken bzw. Dateien (DBF-Dateien): Dateien neu anlegen und verwalten.
- *Abfragen (Queries)* zum Verwalten von vordefinierten Abfragen und strukturierten Ausgaben.
- *Masken (Forms)* zum Entwerfen von Eingabemasken über den Maskengenerator (FMT-, SCR-Dateien).
- *Berichte (Reports)* zum Generieren von Berichten über den Reportgenerator (FRM-Dateien).
- *Etiketten (Labels)* zur Verwaltung von Etiketten über den Labelgenerator (LBL-Dateien).
- *Programme (Applications)* zur Verwaltung von Programmen (PRG-Dateien). Der Applikationsgenerator faßt Teile zu einem Programm zusammen, ohne daß Programmierkenntnisse erforderlich sind.

```
   Katalog   Diverses   Ende                                    11:31:31
                              dBASE IV-Regiezentrum
                              Katalog: B:\XYZ.CAT

   dB-Dateien    Abfragen     Masken     Berichte    Etiketten    Programme

     <neu>        <neu>        <neu>       <neu>        <neu>        <neu>



   Datei:        Neue Datei
   Kommentar:    wird angelegt, wenn Sie im Feld <neu> RETURN drücken

   Hilfe:F1   Wählen:←┘ Gestaltung:SHIFT-F2  Standardbericht:SHIFT-F9  Menü:F10
```

Menü-Modus aufrufen: F10 bzw. COMMAND=ASSIST (in CONFIG.DB).
Menü-Modus verlassen: Über *Ende* zur "."-Ebene oder MS-DOS-Ebene.

2.2 Befehlsverzeichnis von dBASE

Die Übersicht umfaßt sämtliche Befehle von dBASE IV (dBASE III PLUS
somit enthalten). Zu jedem Befehl werden folgende Angaben gemacht:

1. Das allgemeine Befehlsformat (Syntax) **in dieser Schrift.**
    Befehlswörter in Großbuchstaben. Die in eckigen Klammern
    eingeschlossenen Optionen können weggelassen werden.
2. Eine Befehlsbeschreibung mit Verweisen zu ähnlichen Befehlen.
3. Anwendungsbeispiele in dieser Schrift.

*** [Kommentar bzw. Bemerkung]**
Kommentar in ein Programm schreiben und bei späteren Ausführungen
nicht berücksichtigen. Siehe NOTE.

? [Ausgabeliste]
Daten unformatiert in der nächsten Zeile ausgeben und ggf. berechnen.

?? [Ausgabeliste]
Daten in der aktiven Zeile ausgeben, also ohne Zeilenvorschub.

**@ Zeile,Spalte [[SAY Text [PICTURE Schablone]] [GET Variable
 [PICTURE Schablone] [RANGE GrenzeUnten,GrenzeOben]]] / [CLEAR]**
Cursor positionieren zwecks Ein- und/oder Ausgabe von Information über
den Bildschirm bzw. Drucker. 0,0 links oben und 79,24 rechts unten.
```
a 7,11 SAY "Ihr Name? " GET Name        && Zusätzliche Eingabeaufforderung
```

Speichervariable = Ausdruck
Wertzuweisung. Lies: "Variable ergibt sich aus Ausdruck". Siehe STORE.
```
Sumsatz = Sumsatz+100    identisch    STORE Sumsatz+100 TO Sumsatz
```

ACCEPT [Text] TO Speichervariable
Einen Text als Eingabeaufforderung anzeigen und die Tastatureingabe in
eine Speichervariable vom Datentyp String zuweisen. Siehe: INPUT.
```
ACCEPT "Welche Meßdaten? " TO Messdaten
```

APPEND [BLANK]
In den APPEND-Modus gehen, um Datensätze an die aktive Datei anzu-
fügen. Rückkehr durch Strg-Ende (wirksam mit Speicherung) oder Esc
(unwirksam). Mit APPEND BLANK einen Leersatz an die Datei anfügen.

APPEND FROM Dateiname/? [FOR Bedingung] [[TYPE] Dateityp] [SDF]
Aus einer FROM-Datei Datensätze an die aktive Datei anfügen. Mit dem
Zusatz SDF wird eine Textdatei (ASCII) eingelesen. Siehe COPY TO.

APPEND FROM ARRAY Arrayname [FOR Bedingung]
Datensätze aus einem Array an die aktive Datei anhängen (IV).

APPEND MEMO Memofeldname FROM Dateiname [OVERWRITE]
Eine Datei in ein benanntes Memofeld importieren (IV).

ASSIST
Menüsteuerung bzw. Regiezentrum (IV) als Menüoberfläche einschalten.

**AVERAGE Feldnamen [Bereich] [FOR Bedingung] [TO Speichervariable
        / TO ARRAY Arrayname]**
Den Durchschnitt aller genannten Felder ermitteln. Siehe SUM, STORE.

BEGIN TRANSACTION [Pfadname] ... END TRANSACTION
Eine Befehlsfolge als Transaktion einklammern, d.h. die Dateiänderungen
in der Hilfsdatei Translog.LOG aufzeichnen (siehe ROLLBACK, IV).

BROWSE [NOINIT] [NOFOLLOW] [NOAPPEND] [NOMENU] [NOEDIT]
    [NODELETE] [NOCLEAR] [COMPRESS] [FORMAT] [WIDTH Aus-
    druckN] [WINDOW Fenstername] [LOCK Ausdruck] [FREEZE Feld]
    [FIELDS Feldname] [/R] [/Spaltenbreite] [Rechenfeld=AusdruckN]
In den BROWSE-Modus gehen, um die aktive Datei zwecks Lesen, Ändern, Löschen bzw. Anfügen durchzublättern. Siehe: EDIT.

CALCULATE [Bereich] Funktionsliste [FOR Bedingung]
        [TO Speichervariablen] [TO ARRAY Arrayname]
Auswertungen über die Zusatzfunktionen AVG, MAX, MIN, NPV, STD,
SUM und VAR vornehmen. Summe, Standardabweichung und Maximum:
    CALCULATE SUM(Umsatz) TO SUmsatz, STD(Werte), MAX(Zahlung)

CALL Binärdateiname [WITH Ausdruck/Variable]
Eine mit LOAD in den RAM geladene Binärdatei ausführen.

CANCEL
Ausführung eines Programms beenden, zur dBASE-Befehlsebene zurück.

CHANGE [Bereich] [FIELDS Feldliste] [FOR Bedingung]
Datenfeld(er) editieren zwecks Änderung des Inhaltes.

CLEAR
Bildschirm löschen und Cursor nach oben links positionieren.

CLEAR ALL
System in den Anfangszustand versetzen: Alle Dateien schließen, Speichervariablen löschen, Arbeitsbereich 1 aktivieren. Siehe CLOSE, USE.

CLEAR FIELDS
Die mit SET FIELDS TO ... erstellte FIELDS-Liste löschen.

CLEAR GETS
Alle @-GET-Anweisungen aufheben, die seit dem letzten CLEAR ALL-,
CLEAR GETS- bzw. READ-Befehl gegeben wurden. Die mit @-GET-
angezeigten Felder können nicht geändert werden.

CLEAR MEMORY
Alle Speichervariablen und Arrays löschen (PRIVATE wie PUBLIC).

CLEAR [MENUS / POPUPS]
Menüs von Bildschirm wie Speicher löschen (IV).

CLEAR TYPEAHEAD
Den Tastaur-Eingabezwischenpuffer leeren (siehe INKEY())..

CLEAR WINDOWS
Fenster des Bildschirms wie des Speichers löschen (IV).

**CLOSE ALL/ALTERNATE/DATABASES/FORMAT/INDEX
    /PROCEDURE**
Alle offenen Dateien des genannten Dateityps schließen. Siehe USE.

COMMAND = ASSIST
Eintrag in CONFIG.DB, um das Regiezentrum (IV) zu aktivieren.

CONFIG.DB
Startdatei mit den Eintragungsbefehlen BUCKET=, COMMAND=, DO=,
EEMS=, EXPSIZE=, FASTCRT=, FILES=, GETS=, INDEXBYTES=,
PDRIVER=, PRINTER Name=, PROMPT=, RESETCRT=, SQL=, SQL-
DATABASE=, SQLHOME=, TEDIT=, WP=.

CONTINUE
Erneutes Ausführen des letzten LOCATE-Befehls, um weiterzusuchen.

COPY FILE Quelldatei ZO Zieldatei
Dateien beliebigen Typs kopieren.

COPY TO Zieldatei [Bereich] [FIELDS Felder] [FOR Bed] [Type Typ]
Inhalt der aktuellen Quellendatei in eine Zieldatei kopieren.

COPY INDEXES NDX-Dateiliste [TO MDX-Dateiname]
Eine Liste von NDX-Indexes in eine MDX-Datei kopieren (IV).

COPY MEMO Memofeld TO Dateiname [ADDITIVE]
Information aus einem Memofeld in eine Textdatei kopieren.

COPY STRUCTURE TO Zieldatei [FIELDS Feldliste]
Nur die Dateistruktur kopieren, nicht aber den Dateiinhalt.

COPY TO Zieldatei STRUCTURE EXTENDED
4-Felder-Datei mit Feldname, Feldtyp, Feldlänge und Anzahl der Dezimalstellen in eine DBF-Datei kopieren. Mit CREATE FROM kann später
eine neue Datenbank erstellt werden.

COPY TAG Indexfeldname [OF MDX-Dateiname] TO NDX-Dateiname
Einen Eintrag aus einer MDX-Datei in eine NDX-Datei kopieren (IV).

COPY TO ARRAY Arrayname [FIELDS Liste] [Bereich] [FOR Bedingung]
Datensätze der aktiven Datei in einen Array kopieren (IV).

COUNT [Bereich] [FOR Bedingung] [TO Speichervariable]
Anzahl der Sätze der aktuellen Datei zählen.

CREATE Dateiname
In den CREATE-Modus gehen, um die Struktur einer neuen Datei zu definieren und abzuspeichern. Verlassen durch Strg-Ende oder Esc.

CREATE Dateiname FROM StrukturerweiterteDatei / ?
Eine neue Datei aus einer mit COPY STRUCTURE EXTENDED kopierten Datei erstellen.

CREATE APPLICATION Dateiname / ?
Über den Applikationen-Generator ein Objekt erzeugen (IV).

CREATE LABEL Labeldateiname / ?
Über zwei Editiermasken zur aktuellen Datei eine Label- bzw. Etikettendatei mit dem Dateityp LBL erzeugen (MODIFY LABEL identisch).

CREATE QUERY QBE-Dateiname / ?
Filter für eine Datenbank (DBF) oder View-Datei (VUE) erstellen.

CREATE REPORT FRM-Reportformdateiname / ?
Über den Reportgenerator zur aktiven Datei einen Bericht als Reportformdatei definieren und als FRM-Datei abspeichern.

CREATE SCREEN SCR-Dateiname / ?
Eine Maskendatei als SCR-Datei bzw. FMT-Datei erstellen.

CREATE VIEW VUE-Dateiname [FROM ENVIRONMENT]
Identisch zu CREATE QUERY.

DEACTIVATE MENU / POPUP / WINDOW
Das aktive Menü bzw. Fenster wieder schließen (IV).

DEBUG Dateiname / Prozedurname [WITH Parameter]
Den Programm-Debugger zwecks Fehlersuche aktivieren (IV).

DECLARE Arrayname [Zeilenanzahl,Spaltenanzahl] [...]
Einen ein- oder zweidimensionalen Array vereinbaren (IV).

**DEFINE BAR ZeilenNr OF POPUP-Name PROMPT Text
          [MESSAGE Text] [SKIP [FOR Bedingung]]**
Eine Menüzeile für ein POPUP-Menü definieren (IV).

```
DEFINE POPUP Menue1 FROM 5,4 TO 10,24
DEFINE BAR 1 OF Menue1 PROMPT "Einen Satz lesen"
```

DEFINE BOX FROM Spalte HEIGHT HöheN [AT LINE Druckzeile]
 [SINGLE/DOUBLE/Randdefinitionsstring]
Ein Rechteck mit Linien um einen Text zeichnen (IV).

DEFINE MENU Menüname [MESSAGE AusdruckZ]
Anfangsbefehl zum Definieren eines Menüs (IV).

DEFINE PAD Auswahlname OF Menüname PROMPT Text
 [AT Zeile,Spalte] [MESSAGE Meldungstext]
Einen Auswahlpunkt zu einem Menü definieren (IV).
```
    DEFINE MENU KuneMenu
    DEFINE PAD Lesen OF KundMenu PROMPT "Anzeigen" AT 3,5
```


DEFINE POPUP Popup-Name FROM Zeile,Spalte [TO Zeile,Spalte]
 [PROMPT Field Feldname / PROMPT FILES / PROMPT
 STRUCTURE] [MESSAGE Meldungstext]
Ein Popup-Menü als Fenster mit Auswahlfeldern definieren (IV).

DEFINE WINDOW Fenstername FROM Zeile,Spalte TO Zeile,Spalte
 [DOUBLE/PANEL/NONE/Randdefinitionsstring]
 [COLOR [Standard][,erweitert][,Rahmen]]
Ein Fenster einrichten, umrahmen bzw. einfärben (IC).

DELETE [Bereich] [FOR Bedingung]
Sätze aus dem angegebenen Bereich mit "*" als Löschmarkierung versehen.
Siehe PACK (physisches Löschen), RECALL, ZAP.

DELETE FILE Dateiname mit Datentypangabe
Datei(en) beliebigen Typs von Diskette entfernen.

DELETE TAG Schlüssel [OF MDX-Dateiname]
Einen Schlüsseleintrag aus einem Mehrfachindex entfernen (IV).

DIR [ON] Laufwerk:] [[LIKE] Zugriffspfad] [Dateiname.Dateityp]
Inhaltsverzeichnis einer Diskette gemäß der genannten Maske anzeigen.

DISPLAY [Bereich] [FIELDS Felder] [OFF] [FOR Bedingung]
 [WHILE Bedingung] [TO PRINTER / TO FILE Dateiname]
Sätze der aktuellen Datei am Bildschirm anzeigen. Siehe LIST.
```
    DISPLAY FILEDS Umsatz,Name FOR Umsatz>30000     && Projektion und FOR-Selektion
```


DISPLAY FILES [LIKE Bereich] [TO PRINTER / TO FILE Dateiname]
Inhaltsverzeichnis der Diskette anzeigen.

DISPLAY HISTORY [LAST Befehlsanzahl] [TO PRINTER / TO FILE d]
Befehle, die im HISTORY-Modus gespeichert wurden, anzeigen.

DISPLAY MEMORY [TO PRINTER / TO FILE Dateiname]
Namen, Typ, Größe und Status aller Variablen im Speicher anzeigen.

DISPLAY STATUS [TO PRINTER / TO FILE Dateiname]
Status bzw. Zustand des Systems anzeigen: Datenbankname, Arbeitsbereichsnummer, Alias-Name, Datenbankverbindungen, offene NDX- und MEMO-Dateien), Name der SET-Einstellungen und Belegung von Funktionstasten. Identischer Befehl: LIST STATUS.

DISPLAY STRUCTURE [IN Alias] [TO PRINTER / TO FILE Datei]
Die Struktur der aktiven Datei mit Dateiname, Satzanzahl, Aktualisierung, Datenfelder (Name, Datentyp, Länge) und Datensatzlänge anzeigen.

DISPLAY USERS
Datenstations-Identifizierung aus Login.DB lesen (IV).

DO Programmname/Prozedurname [WITH Parameterliste]
Eine Befehlsdatei bzw. Programm zur Ausführung bringen und dabei ggf. Parameter übernehmen. Siehe PARAMETERS, RETURN.

DO CASE - [OTHERWISE] - ENDCASE
Befehl zur Kontrolle der mehrseitigen Auswahlstruktur bzw. Fallabfrage.

DO WHILE - ENDDO
Befehl zur Kontrolle der Schleife als Wiederholungsstruktur.

EDIT [Satznummer] [Bereich] [FIELDS Liste] [FOR Bedingung]
In EDIT-Modus gehen und einen Satz editieren (Zusätze wie BROWSE).

EJECT
Seitenvorschub am Drucker vornehmen (PROW() und PCOL() auf 0).

EJECT PAGE
Einen Seitenvorschub erzeugen gemäß Drucker-Seitenverwaltung (IV).

ERASE Dateiname / ?
Datei (Dateityp angeben!) von Diskette löschen. ? zeigt die Namen an.

EXIT
Schleife verlassen, Ausführung hinter ENDDO / ENDSCAN fortsetzen.

EXPORT TO Dateiname [TYPE] [FIELD Bedingung] [Parameter]
Eine DBF-Datei in ein anderes Datenformat umwandeln (IV).

FIND SuchstringMitLiteralen
In der Hauptindexdatei nach dem angegebenen Suchstring suchen und den
Satzzeiger positionieren. Siehe SEEK, LOCATE.

```
FIND &Sumsatz          identisch zu          SEEK SUmsatz
```

FUNCTION Prozedurname
Eine benutzerdefinierte Funktion in einer Datei aufrufen (IV).

GO / GOTO [Satznummer] [BOTTOM/TOP] [IN Alias]
Datensatzzeiger positionieren und den Satz in dem RAM-Puffer lesen.

HELP [Schlüsselwort]
Hilfestellungen liefern.

IF - [ELSE] - ENDIF
Befehl zur Kontrolle der ein- oder zweiseitigen Auswahlstruktur.

IMPORT FROM Dateiname [TYPE]
Dateien anderer Tools importieren (vgl. EXPORT, IV).

INDEX ON SchlüsselfeldAusdruck TO Indexdateiname / TAG Eintrag
      [OF MDX-Dateiname] [UNIQUE] [DESCENDING]
Für die aktive Datenbank eine Indexdatei sortiert abspeichern. Mit UNI-
QUE nur den ersten von gleichen Schlüsseln übernehmen.

```
INDEX ON Name+STR(Umsatz,2) TO KunNam2
```

INPUT [Hinweistext] TO Speichervariable
Text zeigen und Tastatureingabe einer Variablen vom Typ C (Eingabe in
" " tippen), N oder L zuweisen. Siehe ACCEPT.

INSERT [BLANK] [BEFORE]
Einen Satz hinter oder vor die aktuelle Satznummer einfügen.

JOIN WITH Alias TO Zieldatei [FOR Bedingung] [FIELDS Liste]
Die aktuelle Datei mit der im zweiten Arbeitsbereich selektierten Alias-
Datei verknüpfen und in der TO-Datei speichern.

    JOIN WITH Kun TO Neudatei FOR Name = Ku->NAme

LABEL FORM LBL-Datei/? [Bereich] [FOR Bedingung] [SAMPLE]
    [TO PRINTER / TO FILE Dateiname]
Etiketten- bzw. Labeldatei öffnen und die aktive DBF-Datei in Form von
Etiketten ausdrucken (PRINT) bzw. als Textdatei speichern (FILE).

LIST [OFF] [Bereich] [FOR Bedingung] [TO PRINTER / TO FILE d]
Inhalt der aktiven Datei zeigen. Voreinstellung ALL, sonst wie DISPLAY.

LIST HISTORY/MEMORY/STATUS/STRUCTURE
Siehe DISPLAY.

LOAD Binärdateiname
Ein Binärprogramm in den RAM laden und dann mit CALL aufrufen.

LOCATE [Bereich] FOR Suchbedingung [WHILE Bedingung]
Vom aktiven Datensatz an Satz für Satz suchen, bis die Suchbedingung
erfüllt oder Dateiende erreicht ist, und den Satzzeiger sowie FOUND()
auf .T. stellen. Siehe CONTINUE, DISPLAY FOR.
```
    LOCATE FOR DTOC(Datum)="31/01/87" .OR. Bezahlt
```

LOGOUT
Den aktiven Benutzer aus dem Multiuser-System ausklinken (IV).

LOOP
In einer Schleife zu DO WHILE bzw. SCAN unbedingt verzweigen.

MODIFY COMMAND Programmdateiname [WINDOW Fenstername]
In den MODIFY- bzw. Textprozessor-Modus gehen und ein Programm
erstellen (New File) bzw. ein auf Diskette gefundenes Programm ändern.
Rückkehr durch Strg-Ende (wirksam) oder Esc (unwirksam).

MODIFY APPLICATION/LABEL/QUERY/REPORT/SCREEN/VIEW
Siehe CREATE APPLICATION/LABEL/QUERY/REPORT/...

MODIFY STRUCTURE Dateiname
Struktur der aktuellen Datendatei ändern, wobei eine BAK-Datei als Sicherungskopie gespeichert wird. Bei gleichzeitigem Ändern von Feldname
und -länge können die Daten nicht mehr gelesen werden.

MOVE WINDOW Fenstername TO Zeile,Spalte
**			/ BY Zeilenänderung,Spaltenänderung**
Ein Fenster am Bildschirm positionieren (IV).

NOTE / *
Kommentar in einer Programmdatei angeben, der bei TYPE gezeigt wird.

ON ERROR/ESCAPE/KEY/READERROR Befehl
Ausführung verzweigen, wenn die Bedingung ERROR (Fehler), ESCAPE
(Esc-Taste gedrückt) bzw. KEY (beliebige Taste gedrückt) wahr ist.

ON PAD Menüwahl OF Menüname [ACTIVATE POPUP Popup-Name]
Ereignisbehandlung bei entsprechender Menüwahl (IV).

ON PAGE [AT LINE Zeilennummer Befehl]
Druckseitenverwaltung ein- bzw. ausschalten (IV).

ON SELECTION PAD Menüpunkt OF Menüname [Befehl]
Eine Menüauswahl mit einem bestimmten Befehl verbinden (IV).
```
ON SELECTION PAD Menue1 OF KundMenu DO Prog1
```

ON SELECTION POPUP Popup-Name/ALL [Befehl]
Befehl ausführen, falls das Popup-Menü aktiviert worden ist (IV).

PACK
Mit der Markierung "*" logisch gelöschte Sätze der aktiven Datei tatsächlich bzw. physisch löschen. Siehe DELETE, RECALL, ZAP.

PARAMETERS Parameterliste
Parameter als Variablenwerte aus einem übergeordneten Programm übergeben (PARAMETERS als 1. Befehl im Programm). Siehe DO, PUBLIC.

PLAY MACRO Makroname
Ein Makro aus einer Makro-Bibliothek ausführen.

PRINTJOB Befehle ENDPRINTJOB
Druckauftrag über Systemspeichervariablen kontrollieren (IV).

PRIVATE Speichervariablennamen
PRIVATE ALL [LIKE/EXCEPT Maske]
Auf die im übergeordneten Programm als PUBLIC vereinbarten gleichnamigen Speichervariablen greift das aktive Unterprogramm nicht zu.

PROCEDURE Unterprogrammname .... RETURN
Den Anfang einer Prozedur markieren.

PROTECT
Das Sicherungssystem (Systemdatei DBSystem.DB) aktivieren (IV).

PUBLIC Speichervariablennamen / [ARRAY Elementenliste]
Speichervariablen global gültig erklären.

QUIT
Dateien schließen, dBASE verlassen und ins Betriebssystem zurückkehren.

READ [SAVE]
Alle @-GETs seit dem letzten CLEAR bzw. READ aktivieren.

RECALL [Bereich] [FOR Bedingung]
Die mit DELETE gesetzten Löschmarkierungen wieder aufheben.

REINDEX
Die aktiven Indexdateien (NDX wie MDX) neu indizieren.

RELEASE Speichervariablennamen [ALL [LIKE/EXCEPT Maske]]
Speichervariablen im Speicherbereich des RAM löschen. Maske mit *, ?.

RELEASE MODULE [Maschinenprogramm]/MENUS/POPUPS
Binärdateien, Menüs bzw. Fenster entfernen (IV).

RENAME DateinameAlt TO DateinameNeu
Eine durch Name.Typ gekennzeichnete Datei auf Diskette umbenennen.

REPLACE [Bereich] Feldname WITH Ausdruck [ADDITIVE]
        [FOR Bedingung] [WHILE Bedingung]
Datenfeldinhalte eines Teilbereichs der aktuellen Datei überschreiben.

```
REPLACE Umsatz WITH Umsatz + 100 FOR Name>"F"
```


REPORT FORM Reportformdateiname/? [PLAIN][HEADING AusdruckZ]
 [NOEJECT] [FOR Bedingung] [TO PRINTER/TO FILE d] [SUMMARY]
Zur aktiven und auszuwertenden DBF-Datei eine genannte Reportform-
datei erstellen und ohne Seitenzahlen (PLAIN) bzw. mit zusätzlicher
Überschrift (HEADING) ausgeben.

RESET [IN Alias-Datei]
Dateien vor END TRANSACTION bzw. ROLLBACK lösen (IV).

RESTORE FROM Speicherdateiname [ADDITIVE]
Daten aus einer MEM-Speicherdatei in den Hauptspeicher laden und ggf.
(ADDITIVE) zum aktuellen Speicherbereich hinzufügen.

RESTORE MACROS FROM Makro-Dateiname
Makros aus einer Makrodatei in den RAM laden (IV).

RESTORE WINDOW Namensliste/ALL FROM Datei
Eine Fensterdefinition aus einer Datei in den RAM laden (IV)

RESUME
Ein zuvor mit SUSPEND unterbrochenes Programm weiter ausführen.

RETRY
Steuerung des ausgeführten Programms an das Programm zurückgeben.

RETURN [AusdruckZ / TO MASTER / TO Prozedurname]
Programmausführung beenden und die Kontrolle zurückgeben.

ROLLBACK [DBF-Dateiname]
Dateien in Zustand vor BEGIN TRANSACTION bringen (IV).

RUN / ! MS-DOS-Befehlswort
Ausführung eines DOS-Befehls von dBASE aus.
```
RUN dir b:*.*
```


SAVE TO Speicherdateiname [ALL LIKE/EXCEPT Maske]
Speichervariablen aus dem aktiven Speicherbereich in eine MEM-Datei
ablegen. Gegenstück zu Befehl RESTORE FROM.
```
SAVE TO Kontroll ALL LIKE S??
```


SAVE MACROS TO Makrodateiname
Makrodefinitionen in eine KEY-Datei speichern (IV).

SAVE WINDOW Fensterdateiname / TO ALL Dateiname
Fensterdefinitionen als WIN-Datei auf Diskette ablegen (IV).

SCAN [Bereich] [FOR Bedingung] [WHILE Bedingung]
   Befehle [LOOP] [EXIT]
ENDSCAN
Schleife mit (gegenüber DO WHILE) vereinfachtem Dateizugriff (IV).
```
SCAN FOR "K"$Name        && Datei lesen und Name,Umsatz für die Sätze
   ? Name,Umsatz         && anzeigen, deren Name mit "K" beginnt
ENDSCAN
```


SEEK Suchausdruck
In der Hauptindexdatei nach dem angegebenen Ausdruck suchen und den
Satzzeiger positionieren (FOUND() und gegebenenfalls EOF() setzen). Wie
FIND, aber abweichende Schreibweise. Siehe SET EXACT ON, LOCATE.
```
SEEK Sname        SEEK "Maier"        SEEK 11.25
```


SELECT Nummer / ALIAS-Name eines Arbeitsbereichs
Einen von 10 möglichen Arbeitsbereichen öffnen (1 ist voreingestellt).

SET
Einstellung der SET-Schalter anzeigen bzw. ändern. Die SET-Schalter
können durch folgende Befehle direkt eingestellt (Defaults angegeben):
ALTERNATE OFF, ALTERNATE TO, AUTOSAVE OFF, BELL ON, BELL TO, BLOCKSI-
ZE TO, BORDER TO, CARRY OFF, CARRY TO, CATALOG OFF, CATALOG TO, CEN-
TURY OFF, CLOCK OFF, COLOR OFF, COLOR TO, CONFIRM ON, CONSOLE ON, CUR-
RENCY TO, DATE TO, DEBUG OFF, DECIMALS TO, DEFAULT TO, DELETED OFF,

DELIMITERS OFF, DESIGN ON, DEVELOPMENT ON, DEVICE TO SCREEN/PRINTER-
/FILE, DISPLAY TO, DOHISTORY OFF, ECHO OFF, ENCRYPTION OFF, ESCAPE ON,
EXACT OFF, EXCLUSIVE OFF, FIELDS TO, FIELDS OFF, FILTER TO, FIXED OFF,
FORMAT TO, FULLPATH OFF, FUNCTION .. TO, HEADING ON, HELP ON, HISTORY
ON, HISTORY TO, HOURS TO, INDEX TO ?/Name/TAG, INSTRUCT ON, INTENSITIY
ON, LOCK ON, MARGIN TO, MARK TO, MEMOWITDH TO, MENU ON, MESSAGE TO,
NEAR OFF, ODOMETER TO, ORDER TO, PATH TO, PAUSE OFF, POINT TO, PRECI-
SION TO, PRINTER OFF, PRINTER TO, PROCEDURE TO, REFRESH TO, RELATION
TO, REPROCESS TO, SAFETY ON, SCOREBOARD ON, SEPARATOR TO, SKIP TO,
SPACE ON, SQL OFF, STATUS ON, STEP OFF, TALK ON, TITLE ON, TRAP OFF,
TYPEAHEAD TO, UNIQUE OFF, VIEW TO, WINDOW OF MEMO TO.

SET ALTERNATE OFF
Ergebnisse in eine Protokolldatei (Textdatei) schreiben, die zuvor mit SET
ALTERNATE TO geöffnet wurde. Beispiel:
```
1. SET ALTERNATE TO Protok.TXT
2. SET ALTERNATE ON
3. .... Bearbeitung ....
4. CLOSE ALTERNATE
```

SET BELL ON
Ton bei fehlerhaften Eingaben abschalten.

SET CARRY OFF
Bei APPEND den Satzinhalt automatisch in den nächsten Satz kopieren.

SET CATALOG TO CAT-Dateiname
Einen Katalog erstellen, ändern bzw. schließen.

SET CONFIRM OFF
Eingabe eines Datenfeldes muß mit Ret-Taste bestätigt werden.

SET CONSOLE ON
Bildschirmanzeige unterdrücken.

SET DEBUG OFF
Druckausgabe bei eingeschaltetem ECHO und STEP für Fehlersuche.

SET DECIMALS TO Nachkommastellen
Anzahl der anzuzeigenden Nachkommastellen festlegen (voreingestellt: 2).

SET DEFAULT TO Laufwerk
Standardlaufwerk bzw. aktuelles Laufwerk festlegen.
```
SET DEFAULT TO B:
```

SET DELETED OFF
Mit "*" als gelöscht markierte Sätze werden z.B. von DISPLAY, LIST, LOCATE und COPY ignoriert, von INDEX, NEXT und RECORD nicht.

SET DELIMITERS OFF
Bei Masken die Datenfeldbegrenzung durch ein Zeichen vornehmen, das zuvor mit SET DELIMITER TO Zeichen definiert wurde (":" ist voreingestellt).

SET DEVICE TO PRINTEr/SCREEN/FILE Dateiname
Formatierte Ausgaben (@-SAY-GET) auf den Drucker leiten.

SET DOHISTORY OFF
Befehle aus Programmen in HISTORY aufzeichnen oder nicht.

SET ECHO OFF
Gerade ausgeführten Befehl anzeigen zwecks Fehlersuche.

SET ESCAPE ON
Ein Befehl kann nicht durch Drücken der Esc-Taste abgebrochen werden.

SET EXACT OFF
Zu vergleichende Zeichenketten müssen exakt übereinstimmen.

SET FIELDS OFF
Die mit SET FIELDS TO gewählte Feldliste verwenden bzw. ignorieren.

SET FILTER TO [FILE Dateiname / ?] [Bedingung]
Nur die Sätze, für die die Bedingung zutrifft, werden verarbeitet. Der Filter gilt solange, bis er durch SET FILTER TO abgeschaltet wird.
```
    SET FILTER TO Umsatz>30000
```

SET FIXED OFF
Zahlen werden in Festkommadarstellung angezeigt.

SET FORMAT TO [Formatdateiname / ?]
Eine selbsterstellte Formatdatei bzw. FMT-Maske öffnen.

SET FUNCTION Tastennummer TO "String für Tastenbelegung"
Funktionstasten 2-10 belegen (";" ersetzt (Ret)-Tastendruck).
```
    SET FUNCTION 5 TO "CLEAR ALL;"
```

SET HEADING ON
Überschriftszeilen z.B. bei LIST, DISPLAY ggf. unterdrücken.

SET HELP ON
Frage "Wünschen Sie Hilfe?" nach Fehlereingabe ggf. abschalten.

SET HISTORY ON
HISTORY-Einrichtung ggf. aktivieren (dabei mit SET HISTORY TO Ausdruck gekennzeichnet).

SET INDEX TO [?/Indexdateinamensliste] [ORDER[TAG]NDX/MDX]
Indexdateien zur aktuellen Datendatei öffnen bzw. schliessen.

SET INTENSIVITY ON
Inversdarstellung von Feldern in Masken ggf. ausschalten.

SET MARGIN TO Druckstelle für linken Rand
Auszugebenden Ausdruck mit der angegebenen Druckstelle beginnen.

SET MEMOWIDTH TO Feldlänge
Länge des MEMO-Ausgabefeldes (Standard 50) ändern.

SET MENUS ON
Hilfsmenüs von menüorientierten Befehlen (z.B. bei EDIT, APPEND).

SET ORDER TO [Indexdateinummer]
Eine beliebige geöffnete Datei zur Hauptindexdatei erklären.

SET PATH TO [Zugriffspfadliste]
Zugriffspfad festlegen, in dem gesucht wird.
```
SET PATH TO C:\TOOL\VERWALT
```

SET PRINTER OFF
Alle nicht mittels @-SAY-GET formatierten Ausgaben ausdrucken.

SET PROCEDURE TO [Prozedurdateiname]
PRG-Prozedurdatei zur aktuellen Programmdatei öffnen.

SET RELATION TO [Verkettungsfeld/RECNO() INTO ALIAS-Name]
Aktive Datei im aktiven Arbeitsbereich 1 mit einer Datei im ALIAS-Arbeitsbereich über ein Verkettungsfeld (das Schlüsselfeld eines Indexes sein muß) koppeln. SET RELATION TO hebt die Verkettung wieder auf.

SET SAFETY ON
Warnung bei drohendem Überschreiben einer Datei ggf. unterdrücken.

SET SCOREBOARD ON
In der Statuszeile erscheinende dBASE-Meldungen ggf. unterdrücken.

SET STATUS ON
Inhalt der Statuszeile ggf. nicht anzeigen.

SET TALK ON
Systemmeldungen ggf. nicht am Bildschirm anzeigen.

SET TYPEAHEAD TO Pufferspeichergröße
Eingabepuffer zwischen 0 und 32000 festlegen (sonst: 20 Zeichen).

SET UNIQUE OFF
Bei doppelten Schlüsselfeldern wird ggf. jeweils nur ein Feld (Unikat) in
einer Indexdatei berücksichtigt.

SHOW MENU Menüname [PAD Menüpunktname]
Menü zu Testzwecken anzeigen, ohne es zu aktivieren (IV).

SHOW POPUP Popup-Name
Ein Popup-Menü zum Test anzeigen, ohne es zu aktivieren (IV).

SKIP [Satzanzahl] [IN Alias]
Datensatzzeiger um 1 bzw. die angegebene Anzahl von Sätzen ändern.

SORT [Bereich] TO Zieldateiname ON ListeVonFeldnamen [/A] [/C] [/D]
          [FOR Bedingung] [WHILE Bedingung]
Die aktive Datei sortieren und in der Zieldatei speichern.
```
SORT ON Name/A,Umsatz/D TO Hilf FOR Umsatz>30000
```

STORE Ausdruck TO Speichervariablenliste / Arrayelementliste
Einer oder mehreren Speichervariablen einen neuen Wert zuweisen.

SUM [Bereich] [AusdruckN] [TO Speichervariable / TO ARRAY
        Arrayname] [FOR Bedingung] [WHILE Bedingung]
Datenfeldinhalte aufsummieren und ggf. zuweisen. Siehe COUNT.

SUSPEND
Programmausführung zur Fehlersuche unterbrechen, mit RESUME weiter.

TEXT BeliebigeZeichen ENDTEXT
Anfang und Ende eines Textblocks in einem Programm markieren.

TOTAL ON Schlüssel TO Dateiname [FIELDS Felder] [Bereich]
        [FOR Bedingung] [WHILE Bedingung]
Alle numerischen Felder der aktiven Datei (nach Schlüsselfeld indiziert
bzw. sortiert) in einer komprimierten Datei zusammenfassen.

TRANSACTION
Transaktionsmanagement mit BEGIN-END TRANSACTION steuern (IV).

TYPE Dateiname [TO PRINTER/TO FILE Dateiname] [NUMBER]
Inhalt einer ASCII-Datei bzw. Textdatei anzeigen.

UNLOCK [ALL / IN Alias-Dateiname]
Sicherungen von Datei und Datensatz aufheben (IV).

UPDATE ON Schlüssel FROM Alias REPLACE Feld WITH Ausdruck
      [Feld2 WITH AUsdruck2 ...] [RANDOM]
Ausgewählte Felder der aktuellen Datei durch Felder einer Bewegungs-
datei aktualisieren. Der Schlüssel muß in beiden Dateien übereinstimmen.

```
   UPDATE ON Name FROM Neu REPLACE Umsatz WITH Neu->Umsatz
```


USE [Dateiname/?] [IN Arbeitsbereichsnummer] INDEX Indexliste NDX
      oder MDX] [ORDER [TAG] NDX-Dateiname/MDX-Eintrag]
      [OF MDX-Dateiname] [ALIAS Name] [EXCLUSIVE] [NOUPDATE]
Eine DBF-Datei öffnen, zwecks Abkürzung ggf. einen ALIAS-Namen
benennen und den ersten Satz in den RAM lesen.

```
   USE Kunden12 INDEX KunNam1,KunUms4 ALIAS Kun
```


WAIT [Eingabeaufforderung] [TO Speichervariable]
Programmausführung erst nach Eingabe einer Taste fortsetzen.

ZAP
Alle Sätze der aktiven Datei tatsächlich (physisch) ohne vorherige Löschmarkierung entfernen. Siehe DELETE.

2.3 Funktionsverzeichnis von dBASE

ABS(AusdruckN)
Absoluten Wert des Ausdrucks liefern.

ACCESS()
Zugriffs-Level eines Benutzers im Netzwerk nennen (IV).

ACOS(AusdruckN)
Arcus Cosinus eines WInkels in Grad nennen (IV).

ASC(Ausdruck)
Die ASCII-Codezahl des ersten Zeichens eines Strings angeben.

```
   ? ASC("Albert ")                    && ergibt 65 als ASCII-Wert von "A"
```

ALIAS(Arbeitsbereichsnummer)
Den Alias-Namen für die Nummer 1-10 nennen (IV).

ASIN(AusdruckN)
Den Arcus Sinus im Bogenmaß angeben (IV)

AT(Ausdruck1,Ausdruck2 / Memofeldname)
Die Anfangsposition des ersten Ausdrucks im zweiten Ausdruck liefern.
```
   ? AT("laus","Klaus")  ergibt 2
   ? AT("e","Datenbanken")  ergibt 4
```

ATAN(AusdruckN)
Arcus Tangens im Bogenmaß nennen (IV).

BOF([Alias])
Prüfen, ob der Satzzeiger am Dateianfang (Beginning Of File) steht.
```
   GO TOP   und   ? BOF()                              && ergibt .T.
   USE Kunden1   und   SKIP -1   und   ? BOF()         && ergibt .T.
```

CALL(Dateiname,Ausdruck / Memovariablenname)
Den angegebenen Wert aus einer Binärdatei übernehmen (IV).

CDOW(AusdruckD)
Den Wochentag (Day Of Week) einer Eingabe vom Datum-Typ liefern.
```
   ? CDOW(Sdatum)           && ergibt z.B. Montag
```

CEILING(AusdruckN)
Kleinste ganze Zahl größer oder gleich dem AusdruckN (IV).

CHANGE()
.T. angeben, falls ein Satz seit dem Dateiöffnen geändert wurde (IV).

CHR(AusdruckN)
ASCII-Wert in das zugehörige Zeichen umwandeln.
```
   ? CHR(65)                && ergibt A
   ? CHR(13)                && ergibt Wagenrücklauf
```

CMONTH(AusdruckD)
Den Monatsnamen für eine Eingabe vom Datum-Typ angeben.

COL()
Die aktuelle Spaltenposition des Cursors angeben.
```
   a 7,COL()+10
```

COMPLETED()
Gültiges ROLLBACK oder END TRANSACTION mit .T. melden (IV).

CTOD()
Datum-String in einen Datum-Typ umwandeln (Character To Date).
```
STORE CTOD("31.01.87") TO Sdatum
```

DATE()
Speicher vom Typ Datum zur Bereitstellung des Systemdatums.
```
? DATE()                          && Datum ausgeben
Sdatum = DATE()                   && Datum speichern
```

DAY(AusdruckD)
Numerischen Wert des Tages aus einem Datumsausdruck liefern.
```
? DAY(DATE())                     && ergibt z.B. 30
```

DBF()
Den Namen der aktiven DBF-Datenbank nennen.

DELETED()
Abfragen, ob der aktive Satz eine Löschmarkierung "*" aufweist.
```
? DELETED()                       && ergibt z.B. .T.
```

DIFFERENCE()
Doe SOUNDEX()-Differenz zwischen zwei Strings nennen (IV).

DISKSPACE()
Den freien Speicherplatz in Bytes im aktiven Laufwerk anzeigen (IV).

DMY(AusdruckD)
Das Datum ins Format Day/Month/Year umwandeln (IV).

DOW(AusdruckD)
Den Wochentag (Day Of Week) in eine Zahl (1=Sonntag) umwandeln.
```
? DOW(DATE())                     && ergibt z.B. 2 für Montag
```

DTOC(AusdruckD)
Einen Datumsausdruck in einen String umwandeln (Date TO Character).
```
? "Rechnung: " + DTOC(DATE())     && ergibt z.B. Rechnung: 31.01.89
```

DTOR(AusdruckN)
Grad in Bogenmaß (Radian) umwandeln (IV).

DTOS(AusdruckD)
Datum in einen String umwandeln (IV).

EOF([Alias])
Den Wert .T. liefern, wenn der Satzzeiger auf das Dateiende (End Of File) zeigt, d.h. den letzten Satz überschritten hat. Für EOF()=.T. gilt RECNO()=RECCOUNT()+1. Siehe BOF(), FOUND() und ERROR().
```
GO BOTTOM  und  ? EOF()                && ergibt .F.
GO BOTTOM  und  SKIP  und ? EOF()      && ergibt .T.
```

ERROR()
Fehlernummer aus einer ON ERROR-Bedingung liefern.
```
ON ERROR DO FehlRout WITH ERROR()      && Fehlerbehandlungsroutine FehlRout
```

EXP(AusdruckN)
Den Exponentialwert eines Zahlenausdrucks ermitteln.
```
? EXP(1.000)                           && ergibt 2.718
```

FIELD(Datenfeldnummer)
Den Namen des Datenfeldes mit der angegebenen Nummer liefern.

FILE(Dateiname)
Prüfen, ob eine Datei auf Diskette abgelegt ist.
```
? FILE('kunen1.DBF')                   && ergibt z.B. .F.
? FILE('&Datei'+'.DBF')                && ergibt z.B. .T.
```

FIXED(AusdruckF)
Datentyp F-Gleitkommazahl in Datentyp N-Zahl umwandeln (IV).

FKLABEL(Funktionstastennummer)
Das Zeichen angeben, mit dem die Funktionstaste belegt ist.
```
? FKLABEL(3)                           && Belegung von F3 anzeigen
```

FKMAX()
Die Anzahl der programmierbaren Tasten angeben.

FLOAT(AusdruckN)
Typ N-Zahl in Datentyp F-Zahl umwandeln; siehe FIXED (IV).

FLOCK([Alias])
Bei Mehrbenutzerbetrieb testen, ob die Datei gesichert ist (IV).

FLOOR(AusdruckN)
Die größte ganze Zahl kleiner oder gleich N angeben (IV).

FOUND()
Den Wert .T. liefern, wenn der vorangehende FIND-, SEEK-, LOCATE-, CONTINUE-Befehl erfolgreich war. Ein FOUND() je Arbeitsbereich.

FV(Zahlung,Zinssatz,Perioden)
Den zukünftigen Wert bei regelmäßiger Zahlung angeben (IV).

GETENV(Ausdruck)
Den Inhalt einer Umgebungsvariablen (Environment) als String liefern.

IIF(AusdruckL,Ausdruck1,Ausdruck2)
Einen bedingten Ausdruck ohne IF-ENDIF-Befehl erstellen.
```
    Ergebnis = IIF(Zahl>0,'positiv','negativ')  && alternativ einen String zuweisen
```

INKEY([SekundenAnzahl])
ASCII-Codezahl liefern, die der zuletzt gedrückten Taste entspricht. Wurde keine Taste gedrückt, wird Null angegeben.
```
    DO WHILE                           && Warte- bzw. Eingabeschleife
      Taste = INKEY()                  && mit späterer Abfrage IF Taste ...
    ENDDO
```

INT(AusdruckN)
Den ganzzahligen Teil einer Zahl angeben.
```
    INT(7.999)                 && ergibt 7
```

ISALPHA(AusdruckZ)
.T. liefern, wenn der Ausdruck mit einem Alphabet-Zeichen beginnt.

ISCOLOR()
.T. liefern, wenn das System in einem Farbmodus arbeitet.

ISLOWER(Ausdruck)
.T. liefern, wenn der Ausdruck mit einem Kleinbuchstaben beginnt.

ISMARKED([Alias])
Merker im Header der DBF-Datei auf "Änderung erfolgt?" prüfen (IV).

ISUPPER(Ausdruck)
.T. liefern, wenn der Ausdruck mit einem Großbuchstaben beginnt.

KEY([MDX-Dateiname,]Schlüsselnummer [,Alias])
Den aktiven Indexschlüsselnamen der MDX-Datei nennen (IV).

LASTKEY()
ASCII-Wert der zuletzt gedrückten Taste (wie INKEY()) nennen (IV).

LEFT(Ausdruck,Zeichenanzahl)
Die links stehende Anzahl von Zeichen eines Strings angeben.
```
    ? LEFT('Meßdaten',3)            && ergibt 'Meß'
```

LEN()
Die Länge (Length) einer Zeichenfolge nennen.
   ? LEN("Tillmann")   && ergibt 8

LIKE(Prüfstring,AusdruckZ)
Testen mit den Jokern ? und * und .T. bzw. .F. melden (IV).
   ? LIKE('Kai*',Stri)   && Beginnt Stri mit 'Kai'?

LINENO()
Die Nummer der aktiven Programmzeile zwecks Debugging nennen (IV).

LKSYS(n)
Zeit n=0, Datum n=1 einer Datensicherung, Benutzername (n=2) bzw.
einen Nullstring n=sonst) angeben (IV).

LOG(AusdruckN)
Den natürlichen Logarithmus einer Zahl angeben.
   ? LOG(2.71828)   && ergibt 1.00000

LOG10(AusdruckN)
Den Zehnerlogarithmus einer Zahl angeben.

LOOKUP(Rückgabefeld, Suchbegriff, Suchfeld)
Felder (z.B. Name) nach einem Eintrag (z.B. 'Tilli') durchsuchen und den
Inhalt eines Feldes (z.B. Umsatz) zurückgeben (IV).
   ? LOOKUP(Kun->Umsatz,'Till',Kun->Name) &&In passivem Arbeitsbereich Kun suchen

LOWER(Ausdruck)
Buchstaben einer Zeichenfolge in Kleinbuchstaben umwandeln.
   ? LOWER("Lesen3.DbF")   && ergibt lesen3.dbf

LTRIM(AusdruckZ)
Führende Leerzeichen aus dem String entfernen.

LUPDATE([Alias])
Das Datum der letzten Aktualisierung der aktiven Datei nennen.
   IF LUPDATE()<DATE()   && wenn heute nicht geändert wurde, ...

MAX(AusdruckN1,AusdruckN2)
Den größeren von zwei Zahlenwerten angeben.
   Maximum = MAX(5,5.1)   && 5.1 zuweisen

MDX(MDX-Datei-Positionsnummer) [,Alias]
Den Dateinamen für das geöffnete MDX-Directory nennen (IV).

MDY(AusdruckD)
Eingabedatum in Format Month-Day-Year umwandeln (IV).

MEMLINES(Memofeldname)
Anzahl der Zeilen eines Memofeldes gemäß SET MEMOWIDTH angeben.

MEMORY()
Freien RAM-Speicherplatz in KB nennen (IV).

MENU()
Den Namen des gemäß DEFINE MENU aktiven Menüs nennen (IV).

MESSAGE()
Die letzte Fehlermeldung in Form eines Strings anzeigen.

MLINE(Memofeldname,Zeilennummer)
Eine Zeile aus einem Memofeld entnehmen (IV).

MIN(AusdruckN1,AusdruckN2)
Den kleineren zweier Zahlen angeben. Siehe MAX().

MOD(AusdruckN1,AusdruckN2)
Den Rest einer Division angeben (Dezimalstellen werden abgeschnitten).
```
   ? MOD(17,15.9)                && ergibt 2, da ganze Zahl 15
   verarbeitet)
```

MONTH(AusdruckD)
Die Nummer eines Monats aus einem Datumsausdruck liefern.
```
   ? MONTH(DATE())               && ergibt z.B. 11
```

NDX(Indexdateinummer)[,Alias]
Den Namen der aktiven Indexdatei 1-7 nennen oder 0 (kein Index offen).
```
   DO WHILE z<=7 .AND. Null<NDX(z)    && Namen aller geöffneten Indexdateien
     ? NDX(z)                         && nennen (Initialisierung z=1  Null='')
    z = z + 1
   ENDDO
```

NETWORK()
Betrieb von dBASE im Netzwerk mit .T. melden (IV).

ORDER([Alias])
Namen von Primärindex (NDX) bzw. des 1. Eintrags (MDX) nennen (IV).

OS()
Den Namen nennen, unter dem dBASE derzeit arbeitet.

PAD()
Den Namen des zuletzt gewählten Menüpunktes nennen (IV).

PAYMENT(Kredit,Zinssatz,Perioden)
Die konstante Zahlung angeben (IV).

PCOL()
Die aktuelle Spalten- bzw. Zeichenposition des Druckkopfes bei SET DE-
VICE TO PRINT angeben (für SET PRINT ON ist das Ergebnis 0).
```
@ 7,PCOL()+3                        && In Zeile 7 um 3 Stellen nach rechts
```

PI()
Zahl pi = 3,14159.... nennen.

POPUP()
Den Namen des aktiven Popup-Menüs nennen (IV).

PRINTSTATUS()
Angeschalteten Drucker mit .T. melden (IV).

PROMPT()
Die Promptmeldung des zuletzt gewählten Menüs nennen (IV).

PROW()
Die aktuelle Zeilenposition des Druckkopfes angeben. Der PROW()-Wert
darf 255 nicht übersteigen (sonst Seitenvorschub)
```
@ PROW()+2,1 SAY 'Tillmann'         && Relative Adressierung bei Druckausgabe
```

PV(Zahlung,Zinssatz,Perioden)
Gegenwartswert (Present Value) bei regelmäßigen Zahlungen nennen (IV).

RAND([N])
Zufallszahl 0-0.9999999 erzeugen; bei N<0 Uhr als Startwert (IV).

READKEY()
Nummer der Taste nennen, die zum Beenden eines Menübefehls gedrückt
wurde.

RECCOUNT([Alias])
Anzahl der Sätze der aktiven Datenbank nennen.

RECNO([Alias])
Nummer des aktiven (d.h. im RAM befindlichen) Datensatzes nennen.
Für eine leere Datei ist RECNO()=1 und EOF()=.T. und RECCOUNT()=0.
```
? RECNO()                           && ergibt 4, wenn 4. Satz im RAM steht
```

RECSIZE([Alias])
Die Datensatzlänge der aktiven Datenbank nennen.

REPLICATE(Ausdruck,Wiederholungen)
Einen Zeichenausdruck mehrmals wiederholen bzw. verketten.
```
? REPLICATE('=',Anzahl)            && Anzahl von "="-Zeichen ausgeben
```

RIGHT(Ausdruck,Anzahl)
Aus dem Stringausdruck von rechts eine Anzahl von Zeichen entnehmen.
```
? RIGHT('Meßdaten',5)              && ergibt 'daten'
```

RLOCK([SatznummernListe,Alias] / [Alias])
Angegebene Datensätze einer Datei sperren bzw. sichern (IV).

ROLLBACK()
Erfolgreiches letztes ROLLLBACK mit .T. melden (IV).

ROUND(AusdruckN,Nachkommastellen)
Eine Zahl kaufmännisch runden.
```
? ROUND(12.446, 2)                 && ergibt 12.45
```

ROW()
Die aktuelle Zeilenposition des Cursors nennen. Siehe PROW().

RTOD(AusdruckN)
Vom Bogenmaß in Grad umrechnen (IV).

RTRIM(Ausdruck)
Nachfolgende Leerzeichen aus String entfernen (identisch mit TRIM().

SEEK(Ausdruck [,Alias])
Nach Suche im Hauptindex Satzzeiger bewegen und .T. melden (IV).
```
SatzGefunden = SEEK('Tilli',Kun)   && Namensindex von Arbeitsbereich Kun
```

SPACE(Leerzeichenanzahl)
Eine bestimmte Zahl von Leerzeichen bzw. Blanks erzeugen.
```
? 'M'+SPACE(5)+'e'                 && ergibt "M     e"
```

SET(BefehlswortVonSET)
Den Zustand der angegebenen SET-Einstellung (z.B. OFF) nennen (IV).
```
? 'Die Glocke ist gestellt auf: ',SET('BELL')
```

SIGN(AusdruckN)
Vorzeichen 1=poitiv, -1=negativ bzw. 0=null melden (IV).

SIN(AusdruckN)
Den Sinus eines WInkels angeben (IV).

SOUNDEX(AusdruckZ)
Vier-Zeichen-Code für ähnlich lautende Strings angeben (IV).

SPACE(LeerzeichenAnzahl)
Eine bestimmte Anzahl von Leerzeichen (Blanks) angeben.

SQRT(AusdruckN)
Die Quadratwurzel einer positiven Zahl liefern.
```
    ? SQRT(4*4)                          && ergibt 4.
```

STR(AusdruckN [,Länge] [,Dezimalstellen])
Zahl in String umwandeln (Länge=10, Dez=0 als Defaults).
```
    ? STR(9999.75, 6,1)                  && ergibt den String '9999.7'
    ? STR(Preis,6,2)+" DM"               && ergibt z.B. '120.90 DM'
```

STUFF(String,Anfangsposition,LöschAnzahl,Einfügestring)
Einen String in einen Gesamtstring einfügen.
```
    ? STUFF('Meßxxxten',4,3,'da')        && ergibt 'Meßdaten'
    ? STUFF('Klauus',5,1,'')             && entfernt das zweite "u"
```

SUBSTR(String/Memofeldname,Anfangsposition[,AnzahlZeichen])
Einen Teilstring (Substring) aus einem String entnehmen. Fehlt Anzahl-
Zeichen, werden alle Zeichen bis zum Stringende entnommen.
```
    ? SUBSTR("Tillmann",4,2)             && ergibt "lm"
```

TAG([MDX-Dateiname,] AusdruckN [,Alias])
Schlüsselnamen eines EIntrags einer Mehrfachindexdatei nennen (IV).

TAN(AusdruckN)
Den Tangens eines Winkels angeben (IV).

TIME()
Systemzeit als String im Format hh:mm.ss bereitstellen.
```
    ? TIME()                             && ergibt z.B. 10:30.01 Uhr
```

TRANSFORM(PICTURE-Formatstring,,AusdruckN,Ausdruck)
PICTURE-Formatierung ohne Verwendung des @-Befehls umgestalten.

TRIM(AusdruckZ)
Nachfolgende bzw. nicht belegte Leerzeichen aus einem String entfernen.
```
    ? TRIM('Tillmann       ')+' Klaus' && ergibt 'Tillmann Klaus'
```

TYPE(AusdruckZ)
Den Datentyp C (Zeichen), N (Numerisch), F (Float), L (Logisch), M
(MEMO) bzw. U (undefiniert) angeben.
```
    ? TYPE('3333',TYPE(3333)            && ergibt C sowie N
```

UPPER(AusdruckZ)
Alle Zeichen in Großschreibung umwandeln.
```
   IF UPPER(mEeingabe)=UPPER(Name)        && Eingabe unabhängig von Schreibung
```

VAL(AusdruckZ)
String in eine Zahl umwandeln (Leerstellen entfallen) oder 0 liefern.
```
   ? VAL('99.576')                && ergibt 99.5 für SET DECIMALS TO 1
   ? VAL("99Klaus")               && ergibt 0
```

VARREAD()
Den Namen der aktiven Variablen nennen (IV)

VERSION()
Die Nummer der dBASE-Version liefern.

YEAR(AusdruckD)
Die Zahreszahl aus einem Datumsausdruck liefern.
```
   ? YEAR(DATE())                 && ergibt z.B. 1989
```

Suchstring $ Stringausdruck
'Suchstring irgendwo in dem Ausdruck enthalten?' mit Operator $ prüfen.
```
   ? "Muell"$Name                 && ergibt .T. für 'Mueller' und 'Muelle'
   ? Santwort$"0123456"           && ergibt .F. für Santwort="8"
   LOCATE FOR "e"$Name            && sucht den ersten Namen mit einem 'e'
```

& Zeichenvariable [Ausdruck]
Funktion & zur Makroersetzung: Inhalt einer Zeichenvariablen ersetzen.
```
   USE &Dat                       && Datei öffnen, deren Name in Dat steht
   ? 'Tillmann und &Sohn'         && ergibt z.B. 'Tillmann und Klaus'
```

Programmverzeichnis

Array1.PRG 112
Array2.PRG 117
Array3.PRG 118
ASCII_1.PRG 107
Func1.PRG 70
Func2.PRG 74
Func3.PRG 76
Glob7.PRG 67
Glob7UP.PRG 67
JN.PRG 77
Kun.DBF 81
Kun.NDX 81
Kun4.PRG 80
Kun5.PRG 84
Kun6.PRG 89
Kun7.PRG 93
Kun8.PRG 96
Kunden1.DBF 31
KundMen1.PRG 50
KundMen2.PRG 52
KundMen3.PRG 54
KundPro2.PRG 53
KundPro3.PRG 54
KunProz5.PRG 85
KunProz6.PRG 91
KunProz7.PRG 95
KunProz8.PRG 96
Lesen0.PRG 31
Lesen1.PRG 37
Lesen1a.PRG 41
Lesen2.PRG 38
Lesen2a.PRG 41
Lesen3.PRG 40
Lesen3a.PRG 41
Lesen4.PRG 43
Lesen4s.PRG 45
Lesen5.PRG 46
Lesen6.PRG 47
Lesen7.PRG 48
Lesen8.PRG 48
Lokal7.PRG 67
Lokal7UP.PRG 67
Main1.PRG 77

Main2.PRG 77
Mehrfach.PRG 48
Priv7.PRG 65
Priv7UPa.PRG 65
Priv7UPb.PRG 65
Prog.PRG 55
Prog0Ext.PRG 59
Prog0Int.PRG 56
Prog0Pro.PRG 60
Prog1.PRG 63
Prog2.PRG 64
ProgErz.PRG 36
ProzDat.PRG 60
Stack1.PRG 102
Stack2.PRG 104
StopProg.PRG 54
String1.PRG 98
String2.PRG 99
String3.PRG 99
String4.PRG 100
String5.PRG 101
Suchen1.PRG 34
Suchen1a.PRG 36
Suchen2.PRG 42
VerProz1.PRG 96
VersMen1.PRG 54
VersPro1.PRG 54
Versuch1.DBF 54
Verwalt1.PRG 96

Sachwortverzeichnis

$ (Substring) 8 101 155
& (Makro) 35 155
* (Dateigruppe) 34
* (Kommentar) 129
* (Löschmarke) 15
+ (Stringaddition) 101
. (dBASE-Prompt) 49
.AND. 11
= (Vergleich) 123
= (Wertzuweisung) 26
? (Dateigruppe) 34
? (Ausgabe) 27 129
?? (Ausgabe) 130
@ - SAY - GET 130
_pageno 122

ABS() 145
ACCEPT 35 39
ACTIVATE MENU 79
ACTIVATE POPUP 93
ADDITIVE 122
Adreßfeld (NDX) 20
Aktive Datei 5
Aktiver Satz 9
Aktueller Parameter 73
ALIAS() 146
APPEND 6 130
APPEND FROM ARRAY 110
Applikation 55 128
Array (Anfangswerte) 115
Array 108 121
ASC() 98 145
ASCII 107
AT() 100 146
Ausdruck 123
AVERAGE 25

BAK und PRG 33
BAR 79
BAR() 89
Befehl (Verzeichnis) 129
Befehlsblock 38
BOF() 126 146
BOTTOM 126

BROWSE 14 131

CALCULATE 117 131
CASE - ENDCASE 46
CDOW() 146
CHR() 98 146
CLEAR 131
CLEAR MEMORY 116
CLOSE 132
CLOSE PROCEDURE 53
COL() 146
CONFIG.DB 3 127
CONTINUE 47
COPY 132
COPY STRUCTURE 17
COPY TO 16
COPY TO ARRAY 109
COUNT 26
CREATE (Header) 125
CREATE 4 133

D (Datum) 121
DATE() 147
Dateistruktur 4
Dateityp (Übersicht) 123
Datendatei (DBF) 20
Datenfeld 5
Datensatzbeschreibung 4
Datensatzzeiger 9 126
Datentyp 121
Datenverkehr 111
DBF und Array 111
DBF und NDX 20
DBF und PRG 30
DBO-Datei 33
DECLARE 108
DEFINE 133
DEFINE BAR 90
DEFINE MENU 81
DEFINE PAD 81
DEFINE POPUP 90
DELETE 15 134
DELETED() 147
DELIMITED 18

Dimensionierung 108
DIR 31
Direktzugriff 13
DISPLAY 10 134
DISPLAY ALL 7
DISPLAY MEMORY 75 111 114
DO - WITH 58 66
DO 31 49 135
DO WHILE 37
DTOC() 147

EDIT 13
EJECT 135
ELSE 43
EOF() 38 126
ERASE 31
Esc-Taste 6
EXPORT 135
Feldvariable 27 35 121

FIELDS 116
FILE() 148
FIND 136
Formaler Parameter 73
FOUND() 148
FUNCTION 55
Funktion (Verzeichnis) 145
Funktion 68
Funktionstaste 127

Globale Variable 63
GO 9 126

Header 125
Hidden Variable 74

IF-ENDIF 42
IMPORT 136
INDEX 21
Indexvariable 109
Indizierung (Array) 109
Indizierung (Datei) 19
INKEY() 149
INPUT 39
IS...() 149
JOIN 136

Kompatibilität IV-III PLUS 125
Konfiguration 127
Kopieren 16

LABEL 136
LEFT() 149
LEN() 97
LIST FOR 7
LIST STRUCTURE 5
LIST WHILE 10
Literal 99
LOCATE FOR 35 137
Logische Operatoren 11
LOOKUP() 150
LOOP 137
Löschen 15

Makro 55
MDX 127
MDX() 150
MEM-Datei 122
Memo 121
Memoryvariable 27
Menü 78
Menü-Hierarchie 92
MOD() 151
MODIFY 137
MODIFY COMMAND 31
MOVE 137

NDX() 151
NDX-Datei 20
NEXT 9

Objektdatei 33
OFF 11
ON 137
ON KEY 54
ON SELECTION PAD 82
ORDER() 151

PACK 15
Pad 79
PAD() 151
PARAMETERS 67
POPUP 79

PRG-Datei 30
PRINTJOB 138
PRIVATE 61 64 122
PROCEDURE 55
Programm 55
Programm-Modus 30
Programmierung 31
Programmstruktur (Anordnung) 44
Projektion 11
PROW() 152
Prozedurdatei 53
PUBLIC 66 122

Quelltext 33
QUIT 138

Re-Deklaration 116
READ 138
READKEY-Code 128
RECNO() 9 126 152
RECSIZE() 152
Regie-Zentrum 128
RELEASE 116 139
REPLACE 14
REPLICATE() 153
RESET 139
RESTORE 139
RESUME 139
RETRY 139
RETURN 63
ROLLBACK 140

Satzzeiger 9 126
SAVE 140
SCAN - ENDSCAN 44
Schachtelung 44
Schleife 37
Schlüsselfeld (NDX) 20
SEEK 21 140
SEEK() 153
Seiteneffekt 65 72
Selektion 7
SET (Verzeichnis) 140
SET FILTER TO 142
SET INDEX TO 24

SET PROCEDURE TO 53 60
SET RELATION TO 143
SET() 153
SHOW 144
SKIP 9
SORT ON 18 144
Speichervariable 27 36 121
Stack 102
STORE 26
STR() 23 98 154
Strg-Ende 5
String 97
STUFF() 100 154
SUBSTR() 99
Substring 8
SUM 25
System-Speichervariable 122

TAG() 154
TEDIT 33
TEXT 144
TIME() 154
TOP 126
TOTAL 144
TRANSACTION 130
TRIM() 154
TYPE() 31 154

UDF 68
Unterprogramm 49
UPDATE 145
UPPER() 102 155
USE - INDEX 21
USE 5 145

VAL() 98 155
Variable (Gültigkeit) 61
Variable (lokal/global) 63
Variable (versteckt) 74
Variable 27
WAIT 145
WITH 66

Z (Zeichen) 121
ZAP 145